탄탄 중국어

中国语

김상호 지음

신아사

※ 출처 : 中华人民共和国版图(http://www.gov.cn/test/2005-06/15/content_18252.htm)

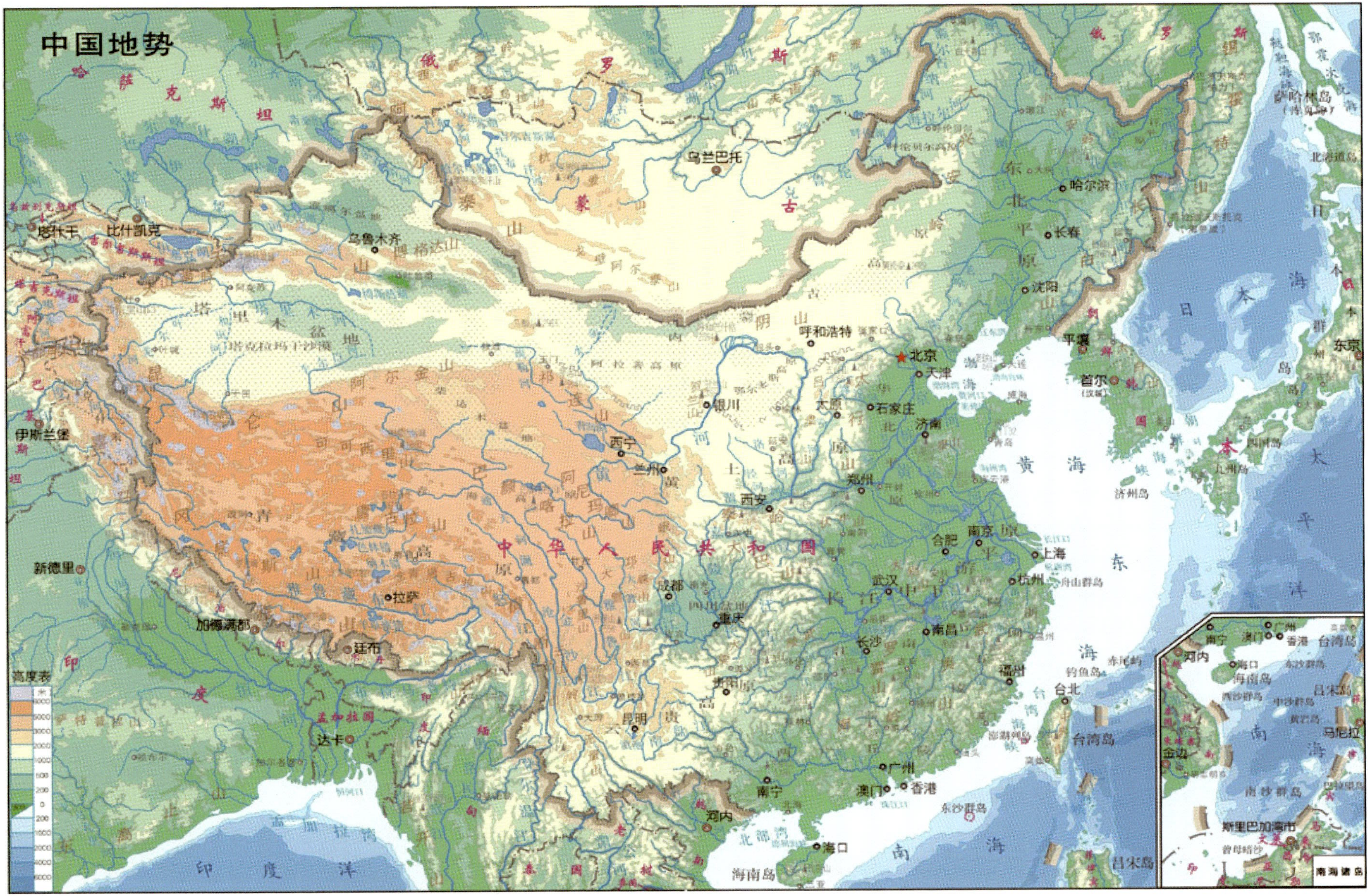

※ 출처 : 中国地理概况(http://www.gov.cn/test/2005-05/25/content_17358.htm)

▷ 국기 : 五星红旗

※ 출처 : 中华人民共和国国旗(http://www.gov.cn/test/2005-05/24/content_18247.htm)

▷ 국휘

※ 출처 : 中华人民共和国国徽(http://www.gov.cn/test/2005-05/24/content_18248.htm)

▷ 국화 : 牧丹 & 梅花

▷ 본위화폐 : 人民币 [RMB 혹은 CNY]

일러두기

1. 이 책은 중국어[汉语]를 처음 접하고 배우는 사람들을 위한 대학 전공교과용 초급교재이다.

2. 이 책은 크게 〈미리 이해하기〉, 〈일상생활에서의 의사소통〉, 〈부록〉 등 세 부분으로 구성되어 있다.

3. 〈미리 이해하기〉에서는 중국어의 명칭과 개념, 특징, 문장 성분, 품사, 문자, 발음 표기, 문장 부호 등에 관하여 개략적으로 해설하였다.

4. 〈일상생활에서의 의사소통〉은 발음의 기초부터 시작하여 실생활의 여러 상황에 따른 다양한 표현을 익히는 부분이며 모두 15과로 구성되어 있다. 외국어 학습 시 발음 훈련은 실제 대화 연습과 병행하는 것이 보다 효과적이라고 판단하여 발음 입문 부분을 별도의 장으로 구분하지 않았다. 그렇다고 하여 중국어의 발음 이론과 발음 훈련을 완전히 도외시한 것은 아니다. 발음의 기초를 다지는 제1과를 포함하여, 각 과에서 다루는 상황별 회화의 주제는 다음과 같다.

   제1과 – 성조와 병음, 발음 연습
   제2과 – 기본 인사
   제3과 – 통성명, 사과와 감사의 인사
   제4과 – 가족, 각종 숫자
   제5과 – 날짜와 요일
   제6과 – 시각과 시간
   제7과 – 국적, 소속, 연령
   제8과 – 물건 구매

제9과 – 위치와 방향

제10과 – 계절과 날씨, 건강

제11과 – 식당

제12과 – 전화 통화

제13과 – 여행과 교통

제14과 – 운동과 취미

제15과 – 명절과 공휴일, 각종 풍습

5. 제1과를 제외하고 각 과는 공히 ▷**중점 표현**, ▷**회화**, ▷**새 낱말**, ▷**해설**, ▷**연습과 보충**의 순서로 구성되어 있다. 이 가운데 ▷**해설**은 교수자의 재량에 따라 탄력적으로 운용될 수 있다. 강의시간이 부족하거나 불필요하다고 판단될 경우 ▷**연습과 보충**은 건너뛸 수도 있겠으나, 이것이 자율적 복습마저 필요없음을 뜻하는 것은 결코 아니다.

6. 〈일상생활에서의 의사소통〉을 위주로 수업을 진행할 경우, 이 책은 학기 당 3학점 3시수의 통상적인 전공교과에서 연간 30~32주 강의로 완성할 수 있는 분량이다.

7. 〈부록〉에는 중화인민공화국(中华人民共和国) 일반 정보, 중국역대기년표(中国历代纪年表), 중화인민공화국(中华人民共和国)의 명절과 기념일, 세계 주요 국명과 수도명, 단어 찾아보기 등이 수록되어 있다. 이 책 앞뒤의 속지에는 각각 중국 관련 사진과 한어병음자모표(汉语拼音字母表)를 배치하였다.

8. 이 책을 편찬할 때 근거로 삼은 기준과 참고한 자료는 다음과 같다.

① 단어는 주로 汉语水平考试[HSK] 初级 甲级词 중에서 선택하였으나, 간혹 乙级과 丙级 수준의 단어가 쓰이기도 하였다.

② 모든 한어병음(汉语拼音)은 다음 자료들을 기준으로 표기하였다.

• 〈汉语拼音正词法基本规则〉 中国国家技术监督局 GB/T(国家标准) 16159-2012 (2012년 6월 29일 비준 발표, 2012년 10월 1일 실시)

• 《现代汉语词典》 第6版 (北京:商务印书馆, 2012年 6月 第442次 印刷)

③ 각 과의 ▷**중점 표현**과 ▷**회화**에 등장하는 모든 문장은 저자가 직접 작성하였다. 이를 제외한 각종 예문 중 일부는 다음 자료들을 참고하여 작성하였다.

• 《现代汉语词典》 第6版 (北京:商务印书馆, 2012年 6月 第442次 印刷)
• 吕叔湘主编,《现代汉语八百词 · 增订本》(北京:商务印书馆, 2007年 4月 北京 第16次印刷)
• 杨寄洲、贾永芬编著,《1700对近义词用法对比》(北京:北京语言大学出版社, 2005年 7月 第1板 第1次印刷)

④ 중국어 문법 관련 용어, 개념, 해설은 다음 자료들을 참고하였다. 다만 저자의 견해가 그대로 반영된 부분도 간혹 있음을 미리 밝혀둔다.

• 허성도,『현대 중국어 어법의 이해』(서울:사람과 책, 2005년 11월 30일, 제1판 제1쇄)
• 吕叔湘主编,《现代汉语八百词 · 增订本》(北京:商务印书馆, 2007年 4月 北京 第16次印刷)

⑤ 중국어 음운론 관련 용어, 개념, 해설은 다음 자료를 참고하였다.

• 엄익상,『중국어 음운론과 응용』(서울:한국문화사, 2012년 12월 31일, 초판)

⑥ 드물게 등장하는 보통화(普通话)의 한글음은 다음 자료를 기준으로 표기하였다.

• 엄익상,『중국어 음운론과 응용』(서울:한국문화사, 2012년 12월 31일, 초판), 423~428쪽 〈부록1: 중국어 한글표기법 음절별 대조표〉

9. 이 책이 빛을 보기까지 많은 분들의 도움을 받았다. 우선 2006년 세상을 떠나신 故 项广明 선생님의 은덕이 아니었다면 저자가 감히 중국어 교재 편찬에 도전할 용기를 가지지 못하였을 것이다. 韩山师范学院 张凡 선생은 2012년 대전대학교 중국언어문화학과 원어

민교수로 근무하는 기간 중 이 책의 校阅에 가장 많은 시간과 노력을 할애하여 주었다. 중국 언어학을 전문적으로 연구해본 적이 없는 저자가 낯선 장벽에 부딪힐 때마다 서울대학교 허성도 선생님, 한양대학교 엄익상 선생님, 충남대학교 강혜근 선생님, 대전대학교 김종혁 선생님으로부터 시의적절한 조언을 구할 수 있었던 것은 天运이라고 생각한다. 대전대학교 중국언어문화학과에 재학 중인 박경하 동학은 최후의 검토 과정에서 몇몇 결정적 오류들을 발견해 주었다. 마지막으로 저자가 이 책의 출간 문제로 진퇴양난에 빠져 있을 때 신아사 정현걸 대표님은 아무런 조건 없이 흔쾌히 출판을 결정해 주셨다. 또한 신아사 김선경 님은 저자의 성가신 요구를 하나도 빠짐없이 반영하여 이 책이 현재와 같은 모습으로 탄생할 수 있도록 애써 주셨다. 이 모든 분들께 감사의 큰 절을 올린다. 이 밖에 阴德을 베풀어 주신 무수한 분들을 제대로 기억해내지 못하는 점에 대해서는 정중히 사죄드린다. 그럼에도 이 책이 지닌 한계와 잘못은 저자 홀로 짊어져야 할 몫이다.

차 례

Ⅲ. 부록

part

I

미리 이해하기

1. 명칭과 개념
2. 특징
3. 문장 성분[句子成分]
4. 품사 분류[词类]
5. 문자 : 간화자(简化字)와 번체자(繁体字)
6. 발음 표기 : 한어병음방안(汉语拼音方案)
7. 주요 문장 부호

1. 명칭과 개념

중국어는 계통학적으로 한장어족(汉藏语族, Sino-Tibetan Language Family)에 속하며, 유형학적으로는 고립어(孤立语)이다. UN이 지정한 세계 6대 공용어 중 하나인 이 외국어를 우리나라에서는 '중국어(中国语)'라고 명명하는데, 이 명칭을 아무 생각 없이 그냥 사용하기에는 무리가 있다. '中国语'라는 명칭은 '중국(中国)'이라는 국가 안에서 현재 통용되고 있는 모든 '말[语]'을 뜻하게 되어, 그 결과 여기에 어족이 전혀 다른 일부 소수민족(少数民族)의 말까지 포함되는 계통학적 오류가 발생하기 때문이다. 게다가 중국어에는 서로 간에 의사소통이 원활치 못한 방언(方言)들이 여럿 있다. 따라서 어족이나 유형학적 분류를 따지는 것보다 이 외국어의 정확한 명칭과 개념을 정립하는 것이 더 중요하다. 청대(清代)의 관화(官话)를 기반으로 형성된 오늘날의 중국어에는, 대대로 한족(汉族)이 써오던 말을 뜻하는 '한어(汉语)'라는 명칭을 부여하는 것이 가장 적절하다. 다만 통시적으로 보면 여기에는 현재의 중국어뿐만 아니라 아주 오래 전에 쓰이던 중국어까지 포함되므로 이들을 적절히 구분할 필요가 있다. 그래서 흔히 20세기 초반의 언문일치(言文一致) 운동을 분기점으로 하여, 그 이전의 중국어를 고대한어(古代汉语)로, 그 이후의 중국어를 현대한어(现代汉语)로 구분한다. 이 책에서 다루는 중국어는 바로 '현대한어' 중 방언들을 제외한 오늘날의 표준어를 지칭한다. 1949년 중화인민공화국(中华人民共和国) 출범 이후 국가적으로 표준어를 보급하고 언어 환경의 기준을 세우기 위하여 도입된 용어가 '보통화(普通话)'이다. 이 보통화는 "북경(北京)의 어음(语音)을 표준음으로 하고, 북방어를 기초방언으로 하며, 모범적인 현대 백화문(白话文) 저작을 문법 기준으로 삼는, 한민족(汉民族) 공통의 언어"라고 정의된다. 이상에 의거, 이 책에서 사용하는 '중국어'의 개념을 다음과 같이 정리한다.

이 책에서의 '중국어' = '보통화(普通话)' = '현대표준중국어'

2. 특징

2.1. 고립어(孤立语)

중국어에는 접사(接辞)나 어미가 존재하지 않고, 시제(时制)·인칭(人称)·수(数)·성(性) 등의 영향을 받아 단어의 형태 자체가 변화하는 일이 결코 없다. 또한 음절이 하나의 단어를 형성하기 때문에 문장 속에 각 단어가 놓이는 위치, 다른 단어와의 관계에 따라 그 문법적 기능이 결정된다. 이러한 언어를 유형학적으로는 '고립어'라고 한다.

2.2. 어순 중시

영어는 수(数)·격(格)·시제(时制)에 따라 동사의 형태가 굴절되고, 한국어는 명사와 대명사 뒤에 조사라는 형태소를 부가하여 문법 표지를 나타낸다. 그러나 중국어는 단어의 형태 변화가 결여된 까닭에, 각 단어의 어순과 단어 뒤에 오는 첨사(添辞)에 의하여 문법적 기능이 결정된다. 따라서 어순 규칙이 그다지 엄격하지 않은 한국어를 사용하는 한국인은, 중국어를 구사할 때 정확한 어순의 구현에 특히 유의해야 한다.

2.3. 단음절어(单音节语)의 우세

중국어는 한 음절이 하나의 단어를 형성하고 서로 다른 글자[汉字]가 표현 도구로 대응되면서 각 글자가 지닌 소리와 뜻이 독립적인 성분으로 문장 구성에 참여하게 된다. 근래 들어 점차 다음절어(多音节语)가 폭증하는 경향을 보이지만, 다음절 형태소로 구성된 단어가 극소수라는 점을 감안한다면 고대와 현대를 막론하고 중국어를 단음절어로 간주하는 것이 타당하다.

2.4. 양사(量词)의 발달

한국어도 수사와 명사 사이에 양사를 쓰긴 하지만 중국어처럼 다양하지는 않다. 중국어에서는 명사의 물리적 특성과 수효를 나타내는 단어를 수사와 명사 사이에 반드시 써야 하며, 그 종류도 무척 많다. 영어나 한국어의 관점에서 보자면 이는 중국어의 두드러진 특징 중 하나이다.

2.5. 주제어[话题]의 두각

인간이 구사하는 모든 언어는 주어와 술어로 구성된다. 중국어도 마찬가지다. 그러나 중국어에는 주제어와 평어(评语)로 이루어진 표현이 매우 많다. 주제어란 표현의 주제, 즉 담화의 주된 이야깃거리를 말하며, 평어는 담화의 주제에 대한 화자의 코멘트(comment)이다.

2.6. 불분명한 품사 구분

중국어 역시 의미와 기능에 따라 품사를 분류하지만, 중국어는 형태 표지가 거의 발달하지 않았고 각 단어를 둘러싼 문장 환경에 따라 그 의미와 기능조차 변화하기 때문에, 품사 분류의 구체적인 근거를 제시하기가 거의 불가능하다.

2.7. 성조(声调)의 중시

중국어는 각 형태소마다 서로 다른 소리의 높낮이를 구현한다. 이런 음높이가 단어의 의미 변별(辨别)에 사용될 때 우리는 이것을 '성조'라고 한다. 서면어(书面语)보다는 구어(口语)에서 이 성조가 차지하는 비중은 절대적이며, 한국어와 일본어처럼 강세와 어조(语调)의 활용이 빈약한 언어를 모국어로 사용하고 있는 사람들이 중국어 학습 과정 중 직면하는 가장 곤혹스러운 부분이 바로 성조 및 성조와 연관된 문제들이다. 그러나 전 세계에 존재하는 모든 언어 중 $\frac{1}{3}$ 정도가 성조를 지닌 것으로 알려져 있으므로, 성조가 중국어만의 유별난 자질일 수는 없다.

2.8. 다양한 방언

본래 균질적이던 한 언어가 지리적·사회적으로 분화되어 생겨난 하위체를 방언이라고 한다. 때문에 역사가 장구하고 국토가 방대한 중국에는 여러 종류의 방언이 존재할 수밖에 없다. 현재 중국어에는 수많은 군소(群小) 방언들을 제외하고도 빼이팡(北方), 우(吴), 시앙(湘), 커지아(客家), 민(闽), 웨(粤), 깐(赣) 등 7종의 대방언(大方言)이 존재한다. 하지만 서로 다른 발음으로 인하여 의사소통이 곤란하다는 점만 빼면, 이들은 모두 한자라는 동일한 문자 체계를 공유하고 있으며 어휘나 문법 구조도 대동소이하다.

3. 문장 성분[句子成分]

각 단어들이 한 문장 속에서 담당하는 역할을 문장 성분이라고 한다. 중국어의 문장 성분은 크게 주어(主语), 술어[谓语], 목적어[宾语], 관형어[定语], 부사어[状语], 보어(补语) 등 6종으로 구분된다.

4. 품사 분류[词类]

4.1. 실사(实词)

명사(名词), 대사(代词), 동사(动词), 형용사(形容词), 수사(数词), 양사(量词)

4.2. 허사(虚词)

부사(副词), 전치사[介词], 접속사[连词], 조사(助词), 감탄사[叹词], 의성사[象声词]

5. 문자 : 간화자(简化字)와 번체자(繁体字)

수많은 방언이 있음에도 불구하고, 중국어를 표기하는 단일 문자 체계는 한자(汉字)이다. 한자는 현재 세계에서 쓰이는 문자 중 가장 오래된 역사를 가졌지만, 그 수가 너무 많고 어떤 경우에는 한 글자가 달리 발음되기도 하며 심지어 여러 다른 뜻으로 풀이되기도 한다. 또한 각 한자의 음과 뜻을 대응시키는 일은 매우 어려울 뿐더러, 한자로 완전한 문장을 작성하는 일은 엄청난 시간 투자와 높은 지적 수준을 요한다. 이같이 복잡하고 어려운 한자들을 읽기 쉽고 쓰기 편하게 간략화하려는 시도는 매우 오래 전부터 있어 왔지만 대중들의 문맹 퇴치를 국가적 슬로건으로 내세운 중화인민공화국 정부가 관련 정책을 거국적으로 추진한 이후에야 실효를 거두기 시작하였다. 옛날부터 전통적 · 관습적으로 쓰이던 한자의 원래 자체(字体)를 흔히 '번체자(繁体字)'라고 하며, 복잡한 원래 자체를 간략하게 바꾼 것을 '간화자(简化字)' 혹은 '간체자(简体字)'라고 부른다. 간화자 정책은 1954년 중국문자개혁위원회(中国文字改革委员会)가 발표한 '한자간화방안초안(汉字简化方案草案)'으로 처음 구체화된 후, 1986년 확정된 2236자[실제로는 2235자]의 '간화자총표(简化字总表)'로 일단락되었다. 더 이상 간략히 만들 수 없는 글자들은 제외하고, 수만 자에 달하는 모든 한자를 간략하게 바꾼 것이 아니라, 일상생활에서 자주 쓰이는 고빈도(高频度)의 글자들만 선택적으로 간략화한 것이 이 정책의 핵심이다. 이로 보건대 2200자 정도의 간화자와 간략하게 만들 필요가 없는 수백 개의 글자들을 합쳐 대략 3000자 정도가 일상생활에 필요한 상용자(常用字)라는 결론에 도달한다. 간화자는 고적(古籍) 출판에 그대로 쓰기에는 무리가 있고 번체자로 환원할 때 혼동될 가능성이 있는 등 단점도 뚜렷하지만, 현재 중국어의 표준 글자로 통용되고 있기에 중국어를 학습할 때에는 반드시 간화자를 익혀야 한다.

6. 발음 표기 : 한어병음방안(汉语拼音方案)

표의문자(表意文字)인 한자의 독음을 표기하던 전통적인 방법으로는 비황법(譬况法), 독약법(读若法), 직음법(直音法), 반절법(反切法) 등이 있었는데, 이들은 모두 한 글자의 독음을 파악하기 위해서는 다른 글자의 독음을 사전에 알아야 한다는 제약이 있었기 때문에 한자 표음화(表音化)의 근본 해결책은 되지 못하였다. 신해혁명(辛亥革命) 후 중화민국(中华民国) 정부는 교육부를 통해 1918년 1월 23일 '주음부호(注音符号)'라는 표기법을 공표하였다. 이는 한자의 부수(部首)를 간략화한 기호의 음가로 모든 한자의 독음을 표시할 수 있다는 점에서 공식적인 한자 표음화의 시초로 평가되었으나, 이 표기법 역시 외국인과 초학자는 배우기 어렵다는 단점이 있었다.

한편 한자의 로마자 표기법은 마테오 리치(Matteo Ricci, 1552-1610) 이래 주로 서구 선교사들에 의하여 다양한 방식으로 선을 보였는데, 1859년 주청영국공사(驻清英国公使) Thomas Francis Wade(1818-1895)가 'Wade식' 혹은 'Wade-Giles식'으로 불리는 최초의 로마자 표기법을 창안하기도 하였다. 중국인에 의한 최초의 로마자 표기법은 1892년에 처음 등장하였다고 하며, 본격적인 한자 표음화는 1928년부터 마오쩌똥(毛泽东, 1893-1976)과 취치우빠이(瞿秋白, 1899-1935) 등에 의하여 추진된 것으로 알려져 있다. 그 후 수많은 시행착오 끝에 1956년 2월 9일 중국문자개혁위원회는 '한어병음방안초안(汉语拼音方案草案)'을 발표하였고, 1958년 2월 11일 전국인민대표대회 제5차 전체회의는 이 한어병음방안을 표준적인 로마자 표기법으로 확정하였다. 그 후 한어병음방안은 1982년 8월 국제표준화기구(ISO)에 중국어의 국제표준발음표기법으로 등록되었다. 이로써 한어병음방안은 서구에서 100년 넘게 쓰이던 'Wade-Giles' 표기법을 역사의 뒤안길로 밀어내고 전 세계 공통의 중국어 발음표기법으로 자리 잡았다. 이 책도 한어병음방안[이하 한어병음(汉语拼音) 혹은 병음(拼音)으로 약칭]을 발음표기법으로 채택하고 있다. 현재 중국 정부는 보통화 · 간화자 · 한어병음 · 횡서(横书) 등의 언어문자 정책을 고수하고 있다.

7. 주요 문장 부호

7.1. 점호(点号)

길고 짧음의 멈춤과 각종 어기를 나타낸다.

이름	기호	쓰임새
고리점[句号]	。	진술문의 종결
물음표[问号]	？	질문과 반문
느낌표[叹号]	！	감탄
반점[逗号]	，	문장 중간의 쉼표지
모점[顿号]	、	문장 안에 병렬된 단어와 구의 중간
반쌍점[分号]	；	복문 안에 병렬된 본문의 중간

7.2. 표호(标号)

어구(语句)의 성질과 작용을 나타낸다.

이름	기호	쓰임새
따옴표[引号]	“ ” ‘ ’	직·간접 인용
괄호[括号]	（ ）	문장 안의 주석 성분
줄표[破折号]	—	문장 안의 해석 설명 부분
줄임표[省略号]	……	인용문의 생략
중간점[间隔号]	·	외국인의 성과 이름 사이
강조점[着重号]	.	강조가 필요한 글자, 단어, 문장의 아래
책이름표[书名号]	《 》	서명, 편명, 신문명, 간행물명

part

Ⅱ

일상생활에서의 의사소통

01 声调和拼音

1. 성조(声调)

중국어의 각 형태소가 지니는 음(音)의 높낮이 성질을 성조라고 한다. 그러나 단순히 소리의 높낮이를 구현하는 데에 그친다면 성조라 할 수 없으며, 높낮이 변화가 단어의 의미를 변별하는 데에 실제로 쓰여야 비로소 음성학의 한 범주인 성조로 간주할 수 있다. 따라서 음고(音高)에 따라 결정되는 성조의 자질(资质)을 확실히 이해하고 장악해야 일상 발화(发话)에서 의사소통의 곤란함을 겪지 않는다.

1.1. 사성(四声)

보통화(普通话)에는 제1성 · 제2성 · 제3성 · 제4성 등 네 가지 성조가 있으며, 이들의 높낮이를 그림으로 나타내면 다음과 같다.

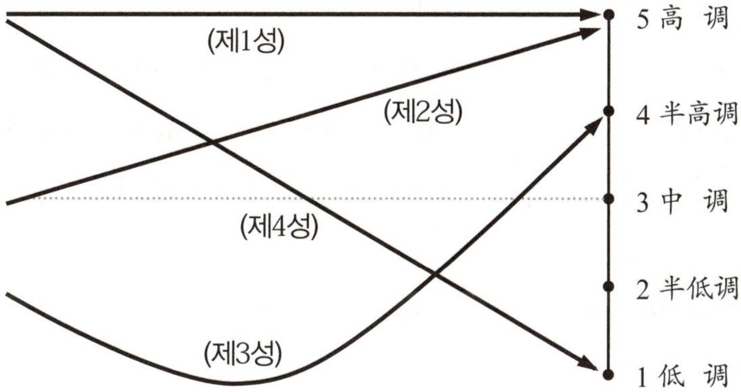

위의 그림은 이른바 '5도제'에 따른 것으로 가장 낮은 위치가 '1'이고 가장 높

은 위치가 '5'이다. 위 그림을 단순화시켜 네 가지 성조의 음높이 값을 정리하면 다음과 같다.

성조	성조값[调值]		부호
제1성	55	HH	mā
제2성	35	LH	má
제3성	21(4)	LL	mǎ
제4성	51	HL	mà

1.2. 성조 부호의 표기

성조 부호는 모음 위에 표기하며, 한 음절에 모음이 두 개이거나 세 개일 때는 개구도(开口度)가 크고 강하게 발음되는 모음 위에만 성조 부호를 표기한다. 복수의 모음들 가운데 개구도가 크고 강하게 발음되어 그 위에만 성조 부호를 표기할 수 있는 모음을 주요 모음이라고 한다. 성조 부호를 표기하는 모음의 순위를 개구도에 따라 나열하면 다음과 같다.

a 〉 o, e 〉 i, u, ü

단, 'i'와 'u'가 동시에 출현할 때에는 마지막 모음 위에 성조 부호를 표기한다('i'와 'ü', 'o'와 'e'가 같이 나오는 음절은 없다). 모음 'i'에 성조 부호를 표기할 때에는 윗점을 없애고 그 자리에 성조 부호를 표기하며, 'ü'가 'j, q, x, y'와 결합할 때에는 'ü'의 윗점을 없애고 그 자리에 성조 부호를 표기한다.

보기) bà, sī, fǔ, háo, jiā, guǎng, tóu, yuē, piǎo, liú, duì, qū, nǚ

1.3. 경성(轻声)

허사(虚词)로만 사용되는 극소수 글자를 제외한 모든 한자는 고유한 성조를 가지고 있다. 그러나 자신의 고유 성조를 상실한 채 실제 발화 시 약하고 짧게 [본래 성조의 $\frac{1}{3}$정도 길이] 소리 나는 경우가 있는데, 이런 발음을 경성이라고 한다. 경성은 단지 '원래 성조[本调]'를 가지고 있었던 형태소로부터 파생된 특수한 변음(变音) 현상이기 때문에 다섯 번째 성조로 간주하지 않는다. 또한 경성은 고정적인 음 높이가 없이 앞 음절의 성조에 따라 자신의 음 높이가 결정되므로 별도의 성조 부호를 표기하지 않는다. 사례가 많은 편은 아니지만, 경성은 간혹 단어의 의미 변별에 쓰이기도 한다. 앞 성조에 따라 결정되는 경성의 음 높이를 개략적인 그림으로 나타내면 다음과 같다.

제1성+경성	제2성+경성	제3성+경성	제4성+경성
xīngxing 星星	péngyou 朋友	dǎban 打扮	tòngkuai 痛快
jiēshi 结实	tóufa 头发	gǔtou 骨头	màozi 帽子

어떤 경우에 경성으로 발음해야 하는가에 대한 확실한 기준은 아직 완전히 정립되지 않았지만 조사, 접미사, 방위사, 방향보어, 중첩 형태소의 뒷부분, 일부 관용어의 뒷부분 등은 경성으로 발음한다는 관례가 있다.

1.4. 성조의 변화

음절이 연이어 나올 때 뒤쪽 음절의 영향으로 앞 음절의 성조가 변하는 경우가 있다. 이러한 발음 현상을 변조(变调)라고 하며, 중국어에서 흔히 발생하는 변조 현상을 아래 몇 가지 경우에 한하여 정리하였다.

※ 변조 현상이 발생하여도 원래 성조를 그대로 표기하는 것이 한어병음 표기 규칙이다. 이 책에서도《现代汉语词典 · 第6版》의 발음 표기를 그대로 적용하였다.

1.4.1. '一'의 성조 변화

① '一'의 발음은 [yī]인데, 뒤에 제1 · 2 · 3성이 오면 제4성[51]으로 바꾸어 발음한다.

一yī+제1·2·3성 ⇒ yì+제1·2·3성
yītiān ⇒ yìtiān 一天 / yīnián ⇒ yìnián 一年 / yīqǐ ⇒ yìqǐ 一起

② '一' 뒤에 제4성이 오면 제2성[35]으로 바꾸어 발음한다.

一yī+제4성 ⇒ yí+제4성
yīxià ⇒ yíxià 一下

③ 서수(序数)나 문말(文末)에 쓰이면 원래 성조대로 발음한다.

yī yuè yī rì 一月一日 / ānquán dì-yī 安全第一

1.4.2. '不'의 성조 변화

'不'의 발음은 [bù]인데, 뒤에 제4성이 올 때에만 제2성으로 바꾸어 발음한다.

不 bù+제4성 ⇒ bú+제4성
bù qù ⇒ bú qù 不去 / bù kàn ⇒ bú kàn 不看

1.4.3. 제3성의 변화

① 제3성이 연이어 나올 때, 앞의 제3성은 제2성[35]으로 바꾸어 발음한다.

제3성+제3성 ⇒ 제2성+제3성
yǒngyuǎn ⇒ yóngyuǎn 永远 / yǔsǎn ⇒ yúsǎn 雨伞

② 제3성 뒤에 제1·2·4성과 경성이 올 때, 제3성은 반3성[21]으로 바꾸어 발음한다. 반3성이란 제3성의 뒷부분, 즉 상승되는 부분을 발음하지 않는 것을 말한다.

제3성+제1·2·4성 ⇒ 반3성+제1·2·4성 및 경성
Běijīng 北京 / biǎoyáng 表扬 / tǐyù 体育 / zǎochen 早晨

※ 제3성이 온전한 [214]의 성조값을 구현하는 것은 발화의 맨 마지막에 오거나 인용 성조로 쓰이는 경우에 한정된다. 하지만 이때에도 제3성을 처음부터 끝까지 발음하는 경우는 극히 드물다. 따라서 제2성으로 변조되는 경우를 제외하면, 제3성은 실제 발화에서 대부분 [21] 즉 [LL]의 성조값을 구현하고 있음을 알 수 있다.

1.4.4. 3음절 단어의 가운데 제2성과 연속된 제4성의 성조 변화

3음절 단어에서 가운데 음절이 제2성일 때 제1성으로 변할 수 있다. 한편, 제4성이 연이어 나오면 첫 음절의 제4성은 반4성[53]으로 변할 수 있다. 반4성이란 첫 음절의 하강이 절반 정도로 그친 후 바로 다음 제4성을 발음하기 시작하는 것을 말한다. 하지만 이런 변조 현상들은 빠른 속도의 일상 발화에서 자연스럽게 발생하는 것이며 모든 화자에게 적용되는 것도 아니기 때문에 학습 시에 굳이 의식해서 따라할 필요는 없다.

cōngyóubǐng 葱油饼 / Hànzì 汉字

2. 자음[声母]과 모음[韵母]

2.1. 자음

중국어의 자음은 조음(造音) 위치에 따라 다음과 같이 분류한다.

양순음(两唇音) : b, p, m
순치음(唇齿音) : f
치음(齿音) : d, t, n, l, z, c, s
연구개음(软口盖音) : g, k, h (ng)
치조경구개음(齿槽硬口盖音) : j, q, x
교설음(翘舌音) 혹은 권설음(卷舌音) : zh, ch, sh, r

※ 각종 문법서와 사전에 의하면 'ng'은 21종의 기본 자음에 포함되지 않는다. 자음 가운데 유일하게 두음(头音)에 출현하지 않고 말음(末音)에만 출현하기 때문이다. 그러나 이 책에서는 기본 자음에 포함시켰다.

2.2. 모음

중국어의 단모음은 다음과 같다.

단모음 : a, o, e, i, u, ü

발음이 시작될 때부터 끝날 때까지 입을 벌린 정도와 입의 모양, 혀의 위치가 변하지 않는 모음을 단모음이라고 한다. 그러나 하나의 단모음이 실제 발화 시에 다른 음가로 바뀌는 경우가 있으므로 다음 〈모음 사각도〉를 보면서 정확한 음가를 익혀두는 것이 중요하다.

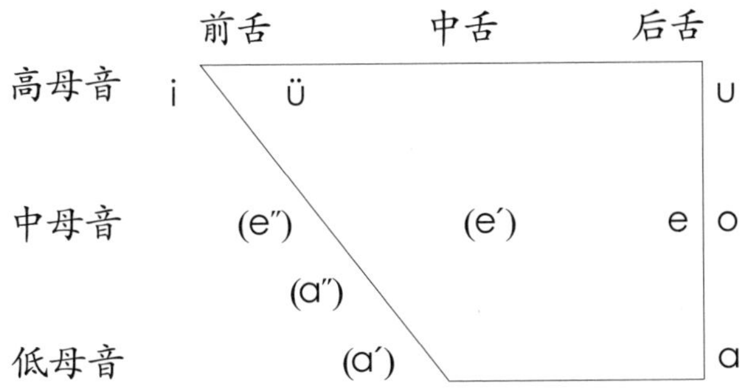

〈모음 사각도〉

〈참고〉		
ɑ′	⇒	a
ɑ″	⇒	ɛ
e	⇒	ɤ
e′	⇒	ə
e″	⇒	e
ü	⇒	y

이 밖에 두 개 혹은 세 개의 단모음이 결합된 복모음(複母音), 말음(末音)에 비음(鼻音)이 따라오는 모음, 교설자음처럼 혀를 입천장의 울퉁불퉁한 지점으로 높이 올려 소리 내는 교설모음(翘舌母音) 등이 있다.

복모음 : ai, ei, ao, ou, ia, ie, ua, uo, üe, iao, iou, uai, uei
비음말음모음 : an, en, ün, in, uan, uen, üan, ian, ang, ong, eng, ing, uang, ueng, iang, iong
교설모음 : er

3. 한어병음 표기 규칙

모든 음절의 한어병음 표기 규칙은 이 책 속지의 〈한어병음자모표(汉语拼音字母表)〉를 참조하기 바란다. 아래에는 모음만으로 한 음절을 형성할 때의 유의 사항, 자음과 모음이 결합할 때의 예외 규칙, 기타 사항 등을 정리하였다.

3.1. 모음 단독 운용 시 유의 사항

3.1.1. 'i · u · ü'를 제외한 모음이 단독으로 한 음절을 형성할 때에는 그대로 표기한다.

보기) ai ⇒ ai, ei ⇒ ei

3.1.2. 'i · u · ü'가 단독으로 한 음절을 형성할 때, 'i' 앞에는 'y'를, 'u' 앞에는 'w'를, 'ü' 앞에는 'y'를 각각 붙인다. 단, 'yü'는 'yu'로 표기한다.

보기) i ⇒ yi, u ⇒ wu, ü ⇒ yu

3.1.3. 'i · u · ü'와 다른 모음들이 결합하여 한 음절을 형성할 때는 다음과 같이 표기한다.

① 'i'-계열 모음은 'i' 대신 'y'를 쓴다. 단, 'in'과 'ing'은 'i'를 빼지 않고 그 앞에 'y'를 붙인다.

보기) ia ⇒ ya, ian ⇒ yan, in ⇒ yin, ing ⇒ ying

② 'u'-계열 모음은 'u' 대신 'w'를 쓴다.

보기) uo ⇒ wo, uei ⇒ wei, uang ⇒ wang

③ 'ü'-계열 모음은 'ü'를 'u'로 바꾸고 그 앞에 'y'를 붙인다.

보기) üe ⇒ yue, ün ⇒ yun

3.2. 자음과 모음 결합 시 예외 규칙

3.2.1. 'iou · uei · uen'이 자음과 결합할 때에는 각각 'iu · ui · un'으로 표기한다.

보기) m+iou ⇒ miu, h+uei ⇒ hui, d+uen ⇒ dun

3.2.2. 'ü' 및 'ü'-계열의 모음이 'j · q · x'와 결합할 때에는 'ü'를 'u'로 바꾸어 표기한다.

보기) j+ü ⇒ ju, q+üan ⇒ quan, x+ün ⇒ xun

※ 'ü' 및 'ü'-계열의 모음을 'u'로 바꾸어 표기하였다고 해서 실제 음가까지 바뀐 것은 아니라는 점에 유의해야 한다.

3.2.3. 'ü'를 'u'로 바꾸지 않고 그대로 표기하는 경우는 다음 4종의 음절뿐이다.

보기) n+ü ⇒ nü, l+ü ⇒ lü, n+üe ⇒ nüe, l+üe ⇒ lüe

3.3. 기타 사항

'a · o · e'로 시작하는 음절이 다른 음절의 뒤에 올 때에는 음절 사이를 구분하기 위하여 격음부호(')를 사용한다.

보기) kě'ài 可爱 / Tiān'ānmén 天安门

문장 혹은 고유명사의 첫 번째 영문자는 대문자로 표기한다.

보기) Nǐ qù nǎr? 你去哪儿? / Chángjiāng 长江

4. 성조 연결 연습

▷ 2음절

제1성+제1성	cānguān hūxī	chūchāi shēngyīn	diūshī tōngzhī	gōngzī yājīn
제1성+제2성	hūrán shānchú	jiāyóu wēibó	jiātíng xiūxián	kōngtiáo zhīchí
제1성+제3성	fāzhǎn pīzhǔn	gāokǎo wēixiǎn	jīběn yōngjǐ	jīngcǎi zūnshǒu
제1성+제4성	fānyì qiānzhèng	fāngbiàn xīwàng	guānjiàn yālì	jīngguò zhēnguì
제1성+경성	bōli shāngliang	chuānghu shōushi	gēbo shūfu	qīnqi xiānsheng

제2성+제1성	chuánzhēn míngxīng	dúshū niánqīng	línjū tígōng	máojīn wéixiū
제2성+제2성	cónglái néngyuán	huídá wánquán	jítuán yángé	liúxíng zháojí
제2성+제3성	cáichǎn píngshěn	jiéguǒ tíngzhǐ	mínzhǔ yíngyǎng	niúnǎi yuánmǎn
제2성+제4성	chéngshì juédìng	féizào qíngkuàng	guójì tóngyì	huánjìng xíngshì
제2성+경성	háizi liángshi	hútu shítou	juéde shúxi	késou xuéwen

제3성+제1성	bǐnggān jiǎndāo	guǎngbō jǐnzhāng	huǒguō qǔxiāo	jiǎndān zǔzhī
제3성+제2성	bǎocún jiǎnchá	dǎzhé pǐnpái	dǐdá shuǐpíng	jiǎnféi zhěngqí
제3성+제3성	chǎngsuǒ wǎngfǎn	guǎnlǐ xǐzǎo	lǐngdǎo yǐngxiǎng	Shǒu'ěr yǒnggǎn
제3성+제4성	biǎoshì tǎolùn	gǎishàn wěidà	lǐwù xiǎngshòu	shǐyòng yǒuyì
제3성+경성	diǎnxin mǎimai	jiǎngjiu nuǎnhuo	kǒudai yǎnjing	mǎhu yǐzi

제4성+제1성	chuàngxīn kuàicān	dìqū miànbāo	fùdān mùbiāo	hùxiāng wàijiāo
제4성+제2성	bàomíng pèihé	fùzá rènwéi	huìtán yèyú	nèiróng zàochéng
제4성+제3성	bànfǎ mèngxiǎng	diànnǎo mìmǎ	èrshǒu tòngkǔ	jiànjiě xìtǒng
제4성+제4성	biànhuà shìjiè	hùzhào xiàndài	jìxù xìngqù	jiàoyù zhòngyào
제4성+경성	bùfen piàoliang	gùshi rènao	kùnnan rènwu	miànzi yàoshi

▷ 3음절

Àoyùnhuì	bàngōngshì	bǐjìběn	bùdòngchǎn	cáipànyuán
dǎyìnjī	dàshǐguǎn	diànshìjù	fúwùyuán	fùzuòyòng
gāokējì	gètǐhù	gòngchǎndǎng	jiǎnhuàzì	jiànshēnfáng
jiǎngxuéjīn	jùlèbù	kǒuxiāngtáng	lǎobǎixìng	liánsuǒdiàn
liánhéguó	mótuōchē	mùdìdì	niúzǎikù	nóngmíngōng
pǔtōnghuà	qiǎokèlì	qīngshàonián	shōuyíntái	shòupiàochù
tiěfànwǎn	wéishēngsù	wěiyuánhuì	wèishēngzhǐ	wúhèhuà
xǐshǒujiān	xiǎohuángdì	yánjiūsuǒ	zhájiàngmiàn	zǒngjīnglǐ

▷ 4음절

chuántǒng yìshù	diànzǐ yóujiàn	gǎigé kāifàng	gāosù gōnglù
gèzhǒng-gèyàng	gōngzuò dānwèi	gòngtóng fánróng	héxié xìngfú
jìhuà shēngyù	lǜsè huánbǎo	nánnǚ píngděng	shǎoshù mínzú
shèhuì zhǔyì	shíshì-qiúshì	shípǐn ānquán	wǎngshàng jiāoyì
wénhuà jiāoliú	yìshi xíngtài	zhīshi fènzǐ	zìmào xiédìng

02 你好

중점표현

1. 你好！
   Nǐ hǎo!

2. 老师好！
   Lǎoshī hǎo!

3. 同学们好！
   Tóngxuémen hǎo!

4. 您早！
   Nín zǎo!

5. 你吃饭了吗？
   Nǐ chī fàn le ma?

6. 你去哪儿？
   Nǐ qù nǎr?

7. 好久不见！
   Hǎojiǔ bù jiàn!

8. 最近怎么样？
   Zuìjìn zěnmeyàng?

9. 再见！
   Zàijiàn!

회화

1 A：你好！
Nǐ hǎo!

B：你好！
Nǐ hǎo!

2 A：丽丽，你吃午饭了吗？
Lìli, nǐ chī wǔfàn le ma?

B：刚刚吃了。你呢？
Gānggāng chī le. Nǐ ne?

A：我也吃过了。去上课吗？
Wǒ yě chīguo le. Qù shàngkè ma?

B：对，我先走！
Duì, wǒ xiān zǒu!

A：你今天挺忙啊！以后见！
Nǐ jīntiān tǐng máng a! Yǐhòu jiàn!

3 A：老师好！
Lǎoshī hǎo!

B：同学们好！你们去哪儿？
Tóngxuémen hǎo! Nǐmen qù nǎr?

A：我们现在去图书馆。
Wǒmen xiànzài qù túshūguǎn.

B：努力学习吧！明天见！
Nǔlì xuéxí ba! Míngtiān jiàn!

A：再见！
Zàijiàn!

4 A：李教授，您早！
Lǐ jiàoshòu, nín zǎo!

B：张老师，好久不见！你去哪儿？
Zhāng lǎoshī, hǎojiǔ bù jiàn! Nǐ qù nǎr?

A：去上课。您最近怎么样？
Qù shàngkè. Nín zuìjìn zěnmeyàng?

B：很好。你呢？
Hěn hǎo. Nǐ ne?

A：我也不错。您去哪儿？
Wǒ yě bùcuò. Nín qù nǎr?

B：现在去办公楼。以后联系吧！
Xiànzài qù bàngōnglóu. Yǐhòu liánxì ba!

A：好，再见！
Hǎo, zàijiàn!

새낱말

你	nǐ	너
好	hǎo	좋다, 안녕하다, 네, 꽤, ~하기에 좋다
老师	lǎoshī	선생님
同学	tóngxué	학생, 학우
们	men	~들 (복수를 나타내는 접미사)
您	nín	당신
早	zǎo	이르다
晚	wǎn	늦다
早上	zǎoshang	아침
晚上	wǎnshang	저녁
吃	chī	먹다
午饭	wǔfàn	오찬
早饭	zǎofàn	조찬
晚饭	wǎnfàn	만찬
了	le	(완료와 변화를 나타내는 조사)
吗	ma	(의문을 나타내는 조사)
去	qù	가다
来	lái	오다
哪儿	nǎr	어디
久	jiǔ	(시간이) 오래되다
不	bù	~가 아니다, ~않다
见	jiàn	만나다

最近	zuìjìn	최근, 요즘
怎么样	zěnmeyàng	어떠하냐, 어떠하다
再	zài	다시, 또
刚刚	gānggāng	방금
呢	ne	(의문과 반문을 나타내는 조사)
我	wǒ	나
也	yě	~도, 역시, 또한
过	guò	지나다, 지내다, 건너다, 초과하다, ~한 적이 있다
上	shàng	위, 오르다, (순서 혹은 시간 상)앞, (규정된 시간에) 시작하다
下	xià	아래, 내리다, (순서 혹은 시간 상)뒤, (규정된 시간에) 끝나다
上课	shàngkè	수업을 시작하다
下课	xiàkè	수업을 마치다
上班	shàngbān	출근하다
下班	xiàbān	퇴근하다
对	duì	맞다, ~에 대하여
错	cuò	틀리다, 나쁘다, 착오
先	xiān	먼저
走	zǒu	가다, 걷다
今天	jīntiān	오늘
昨天	zuótiān	어제

明天	míngtiān	내일
前天	qiántiān	그저께
后天	hòutiān	모레
挺	tǐng	매우
忙	máng	바쁘다
啊	a	(감탄이나 감정을 나타내는 조사)
以后	yǐhòu	이다음에
现在	xiànzài	지금
图书馆	túshūguǎn	도서관
努力	nǔlì	노력하다, 열심이다
学习	xuéxí	공부하다
学	xué	배우다
吧	ba	(요청, 건의, 추측, 동의를 나타내는 조사)
教授	jiàoshòu	교수
很	hěn	매우
不错	bùcuò	알맞다, 괜찮다, 좋다, 틀림없다
办公楼	bàngōnglóu	행정동, 본부
联系	liánxì	연락하다
丽丽	Lìli	리리(이름)
李	Lǐ	리(성씨)
张	Zhāng	장(성씨)

해설

1. 你好！

때와 장소, 대상에 관계없이 가장 널리 쓰이는 인사법이다. '你' 대신 '老师'나 '同学们'과 같은 다른 명사를 주어로 사용하여 인사할 수도 있다.

2. 你吃午饭了吗？

"你好！"는 영어의 영향을 받은 인사법이다. 중국인들이 종래부터 일상생활에서 흔히 쓰던 인사법은 "밥 먹었니?" 혹은 "식사하셨어요?"와 같은 "吃饭了吗？"이다. 여기서의 '了'는 행위나 동작이 구체적으로 발생하였음을 나타내는 동태조사(动态助词)이다.

3. 呢

어조조사(语调助词)의 일종으로, 의문문에 사용되어 질문의 어조를 부드럽게 하고 반문의 어감을 나타낸다.

4. 我也吃过了。

위 표현에서 '过'는 과거의 경험을 나타내는 동태조사이며, 뒤에 '了'를 동반할 수 있다.

5. 对。

회화에서 흔히 사용되는 긍정형 대답이다.

6. 啊

어조조사의 일종으로, 감탄문에 사용되어 긍정과 찬성의 어조를 나타낸다.

7. 再见!

"你好!"와 마찬가지로 때와 장소, 대상에 관계없이 사용하는 작별 인사이며, 떠나는 사람이나 머물러 있는 사람 모두 쓸 수 있다. 반드시 재회할 것을 전제로 나누는 인사는 아니다.

8. 您早!

아침에 쓰는 인사법이다. "早上好!" 역시 아침 인사이다. 정중한 표현을 써야 할 상대에게는 '你' 대신 '您'을 쓴다.

9. 吧

어조조사의 일종으로, 명령문에 사용되어 명령의 어조를 부드럽게 하거나 요청, 건의, 추측, 동의 등의 어조를 나타낸다.

吃吧。 Chī ba.
来吧。 Lái ba.
看吧。 Kàn ba.
说吧。 Shuō ba.
听吧。 Tīng ba.
念吧。 Niàn ba.
写吧。 Xiě ba.
好吧。 Hǎo ba.
是吧? Shì ba?

10. 好。

'好'는 찬성, 동의, 허락 등을 나타내는 대답으로 쓰일 수 있다. 이와 유사한 대답으로는 "行。"과 "可以。"가 있다. 한편, 긍정을 나타내는 대답으로는 "是。"나 "对。"를 쓰고, 출석 호명에 대한 대답으로는 "到。"를 쓴다.

11. 중국어의 어순과 구조(1)
- 형용사 술어문[形容词谓语文]과 동사 술어문[动词谓语文]

중국어의 표현은 한국어와 마찬가지로 '주어-술어'의 어순 및 구조를 지닌다. 술어 부분은 명사, 동사, 형용사로 구성된다. 형용사가 술어를 구성하면 형용사 술어문이 되며, 동사가 술어를 구성하면 동사 술어문이 된다. 앞서 본 "你好!"라는 표현은 주어[대사]와 술어[형용사]의 순서로 구성되어 있음을 알 수 있다. 만일 동사가 목적어를 대동할 경우, 중국어의 동사 술어문은 '주어-술어[동사]-목적어'의 순으로 구성된다.

我也不错。 Wǒ yě bùcuò.
⇒ 我[주어:대사]+也[부사어:부사]+不错[술어:형용사]。

现在去图书馆。 Xiànzài qù túshūguǎn.
⇒ 现在[부사어:명사]+去[술어:동사]+图书馆[목적어:명사]。

12. 질문의 방법(1) - '吗'의 활용

중국어에서 질문하는 방법은 조사 '吗'를 사용하는 방법, 의문사를 사용하는 방법, 긍정과 부정을 병렬시키는 방법 등 세 가지로 나눌 수 있다. 첫 번째 방법은, 조동사를 쓰거나 진술문의 어순을 바꿀 필요 없이, 조사 '吗'를 문말에 첨가하면 바로 의문문이 된다.

你今天来吗? Nǐ jīntiān lái ma?
去上课吗? Qù shàngkè ma?

13. 인칭대사

중국어의 주요 인칭대사는 다음과 같다.

<table>
<tr><td rowspan="2">1인칭</td><td>단수</td><td colspan="2">我 wǒ</td><td rowspan="10">〈기타〉
咱们 zánmen
大家 dàjiā
别人 biéren
别的 biéde</td></tr>
<tr><td>복수</td><td colspan="2">我们 wǒmen</td></tr>
<tr><td rowspan="2">2인칭</td><td>단수</td><td colspan="2">你 nǐ, 您 nín</td></tr>
<tr><td>복수</td><td colspan="2">你们 nǐmen</td></tr>
<tr><td rowspan="6">3인칭</td><td rowspan="3">단수</td><td>남성</td><td>他 tā</td></tr>
<tr><td>여성</td><td>她 tā</td></tr>
<tr><td>동물, 사물</td><td>它 tā</td></tr>
<tr><td rowspan="3">복수</td><td>남성</td><td>他们 tāmen</td></tr>
<tr><td>여성</td><td>她们 tāmen</td></tr>
<tr><td>동물, 사물</td><td>它們 tāmen</td></tr>
</table>

인칭대사를 사용할 때는 다음 몇 가지 사항에 주의하도록 하자.

1) '我们'은 청자(听者)가 포함되지 않는 화자(话者)만의 '우리'를 가리키며, '咱们'은 청자와 화자가 모두 포함되는 '우리'를 가리킨다.

   我们去上课，你们去哪儿?
   Wǒmen qù shàngkè，nǐmen qù nǎr?

   咱们一起去上课吧。
   Zánmen yīqǐ qù shàngkè ba.

2) 인칭대사 혹은 사람을 나타내는 명사 뒤에 접미사 '们'이 오면 복수형이 된다. 그러나 사람을 나타내지 않는 명사 뒤에는 '们'을 쓸 수 없다.

   老师们 lǎoshīmen
   书们 shūmen (×)

3) '您'의 복수형인 '您们'은 쓰지 않는다. 굳이 써야 할 경우에는 '您几位' 등으로 말한다.

4) 3인칭 대사의 경우, 사람이 아닌 동물이나 사물에는 '它'를 쓰며, 서면어에서는 '们'을 붙인 복수형도 쓸 수 있다.

연습과 보충

1. 녹음을 듣고 중문(中文)과 병음(拼音)으로 옮겨 봅시다.

①

②

③

④

⑤

⑥

⑦

⑧

⑨

⑩

⑪

⑫

⑬

⑭

⑮

2. 상자 속 표현으로 바꾸어 연습합시다.

你吃	午饭 早饭 晚饭 早餐 午餐 晚餐	了吗？

刚刚	吃 喝 去 来 听 说 写 到	了。

挺	忙啊！ 热啊！ 冷啊！ 累呀！ 贵呀！ 快呀！ 漂亮啊！

现在去	上课。 餐厅。 教室。 宿舍。 银行。 邮局。 办公楼。 图书馆。 洗手间。

吃 喝 坐下 起来 努力学习	吧。

3. 다음 대화를 중국어로 표현해 봅시다.

A : 너 저녁 먹었니?
B : 방금 먹었어. 너 지금 어디 가?
A : 지금 도서관 가.
B : 열심히 공부해! 다음에 연락하자.
A : 잘 가!

A : 오래간만입니다. 요즘 어떻게 지내세요?
B : 잘 지냅니다. 당신은요?
A : 저도 잘 지내고 있습니다. 어디 가세요?
B : 지금 친구 만나러 가요. 다음에 만나죠!
A : 안녕히 가세요!

4. 다음 표현들을 읽고 뜻을 풀이해 봅시다.

① 学习 : 最近学习很紧张。

② 香 : 这花挺香。

③ 忙 : 你近来忙些什么呢？

④ 有志者 事竟成

03 您贵姓

중점표현

1. 请问，您贵姓？
   Qǐngwèn, nín guìxìng?

2. 我叫金秀民。
   Wǒ jiào Jīn Xiùmín.

3. 谢谢您！
   Xièxie nín!

4. 别客气。
   Bié kèqi.

5. 不好意思。
   Bù hǎoyìsi.

6. 没关系。
   Méi guānxi.

7. 请进！
   Qǐng jìn!

8. 欢迎欢迎！
   Huānyíng huānyíng!

9. 认识您非常高兴。
Rènshi nín fēicháng gāoxìng!

10. 请多多关照。
Qǐng duōduō guānzhào.

11. 这是我朋友。
Zhè shì wǒ péngyou.

회화

1 A：请问，您贵姓？
Qǐngwèn, Nín guìxìng?

B：我姓高，叫高开放。您贵姓？
Wǒ xìng Gāo, jiào Gāo Kāifàng. Nín guìxìng?

A：我叫王朋。欢迎欢迎！这是我的名片。
Wǒ jiào Wáng Péng. Huānyíng huānyíng! Zhè shì wǒ de míngpiàn.

B：谢谢！今天是我第一次来。以后请多多关照。
Xièxie! Jīntiān shì wǒ dì-yī cì lái. Yǐhòu qǐng duōduō guānzhào.

A：别客气。
Bié kèqi.

2 A：我来介绍一下，这是我朋友。
Wǒ lái jièshào yīxià, zhè shì wǒ péngyou.

B：各位老师，各位同学，大家好！我叫金秀民，"优秀"的"秀"，"人民"的"民"。
Gè wèi lǎoshī, gè wèi tóngxué, dàjiā hǎo! Wǒ jiào Jīn Xiùmín, "yōuxiù" de "xiù", "rénmín" de "mín".

C：初次见面，我叫张文。欢迎你来参加晚会。
Chūcì jiànmiàn, wǒ jiào Zhāng Wén. Huānyíng nǐ lái cānjiā wǎnhuì.

D：你好！我叫吴经国。认识你非常高兴！
Nǐ hǎo! Wǒ jiào Wú Jīngguó. Rènshi nín fēicháng gāoxìng!

B：见到你们很高兴！
Jiàndào nǐmen hěn gāoxìng!

3 A：您好，文老板！
Nín hǎo, Wén lǎobǎn!

B：哟，刘部长，请进！欢迎欢迎！
Yō, Liú bùzhǎng, qǐng jìn! Huānyíng huānyíng!

A：我来晚了吧？真不好意思。
Wǒ láiwǎnle ba? Zhēn bù hǎoyìsi.

B：没关系，您太客气了。请坐请坐！先喝点儿茶吧。

Méi guānxi, nín tài kèqi le. Qǐng zuò qǐng zuò! Xiān hē diǎnr chá ba.

A：谢谢您。

Xièxie nín.

B：最近怎么样？工作很忙吧？

Zuìjìn zěnmeyàng? Gōngzuò hěn máng ba?

A：还可以。

Hái kěyǐ.

새낱말

请	qǐng	청하다, 부탁하다
问	wèn	묻다
贵姓	guìxìng	(상대방의) 성씨를 (정중하게) 묻다
姓	xìng	(자신의 성씨는) ~라고 하다
叫	jiào	(자신의 이름은) ~라고 하다, 부르다, ~하게 하다
谢谢	xièxie	감사하다
别	bié	~하지 마라, 다른
客气	kèqi	예의를 차리다, 정중하다, 친절하다, 겸손하다, 사양하다
不好意思	bù hǎoyìsi	부끄럽다, 창피스럽다, 겸연쩍다, 미안하다
没关系	méi guānxi	관계없다, 괜찮다, 문제없다
进	jìn	(바깥에서 안으로) 들다, 전진하다
出	chū	(안에서 바깥으로) 나다
欢迎	huānyíng	환영하다
认识	rènshi	(사람이나 길을) 알다
非常	fēicháng	대단히, 몹시
高兴	gāoxìng	즐겁다, 유쾌하다
多	duō	많다, 얼마나
少	shǎo	적다
多少	duōshao	얼마
关照	guānzhào	돌보다, 보살피다
这	zhè	이, 이것

那	nà	그, 그것, 저, 저것, 그러면
是	shì	~이다, 맞다, 예
朋友	péngyou	친구
的	de	~하는, ~의(관형어와 중심어 사이에 쓰이는 조사)
名片	míngpiàn	명함
第	dì	(순서를 나타내는) 제~째
一	yī	일, 하나
次	cì	횟수, 번
介绍	jièshào	소개하다, 추천하다
一下(儿)	yīxià(r)	한번, 잠시
各	gè	각각, 각자
位	wèi	분
大家	dàjiā	모두(일정 범위 내의 사람들을 지칭하는 대사)
优秀	yōuxiù	우수하다
人民	rénmín	국민, 대중
初	chū	처음의, 첫 번째로
见面	jiànmiàn	만나다
参加	cānjiā	참가하다
晚会	wǎnhuì	파티
到	dào	도착하다, ~로, ~까지, ~에 미치다
老板	lǎobǎn	사장, 주인
哟	yō	(가벼운 놀람을 나타내는 감탄사)

部长	bùzhǎng	부장
真	zhēn	정말
太	tài	몹시, 너무
坐	zuò	앉다, 타다
站	zhàn	서다, 역, 정거장
喝	hē	마시다
点(儿)	diǎn(r)	약간, 조금, 시(时), 점, 주문하다
茶	chá	차
工作	gōngzuò	일(하다), 직업
还	hái	아직도, 여전히, 더욱, 또, 그런대로, 꽤
可以	kěyǐ	좋다, 괜찮다, ~할 수 있다
金秀民	Jīn Xiùmín	김수민(이름)
高开放	Gāo Kāifàng	까오카이팡(이름)
王朋	Wáng Péng	왕펑(이름)
张文	Zhāng Wén	장원(이름)
吴经国	Wú Jīngguó	우징꾸오(이름)
文	Wén	원(성씨)
刘	Liú	리우(성씨)

해설

1. 请

부드러운 명령이나 요구, 권고를 나타날 때 쓰는 동사로, 다른 동사 앞이나 문장 첫머리에 위치한다. 문장 끝에 어조를 부드럽게 해주는 조사 '吧'를 붙일 수 있다.

请进！ Qǐng jìn!
请坐！ Qǐng zuò!
请吃吧！ Qǐng chī ba!
请讲吧！ Qǐng jiǎng ba!
请喝茶吧！ Qǐng hē chá ba!
请上去吧！ Qǐng shàngqù ba!
请开始吧！ Qǐng kāishǐ ba!

2. 叫~、姓~

초면에 상대의 이름을 물을 때는 "您贵姓？"이라는 정중한 표현을 쓰고, "我姓~(자신의 성씨)。" 혹은 "我叫~(자신의 성명)。"로 대답한다. 정중한 표현이 필요 없는 상대에게는 "你叫什么？" 혹은 "你叫什么名字？"라고 이름을 묻는다.

您贵姓？ – 我姓金，叫金秀民。
Nín guìxìng? – Wǒ xìng Jīn, jiào Jīn Xiùmín.

你叫什么名字？ – 我叫李小龙。
Nǐ jiào shénme míngzi? – Wǒ jiào Lǐ Xiǎolóng.

3. 谢谢！

감사의 뜻을 표현하는 가장 일반적인 인사법이다. 대응표현은 "不客气。"

혹은 "别客气。"이다.

4. 不好意思。

사과의 뜻을 표현하는 가장 일반적인 인사법이다. "对不起。"는 그다지 자주 쓰이지 않는다. 대응표현은 "没关系。" 혹은 "没事(儿)。"이다.

5. 来

'来'가 다른 동사 앞에 놓이면 존중하는 입장에서 상대방의 심리적 공간으로 이동하는 것을 나타낸다. 간혹 대동사(代动词)로 쓰이기도 한다.

我来介绍一下。
Wǒ lái jièshào yīxià.

谁做饭? – 我来。
Shéi zuò fàn? – Wǒ lái.

6. 一下

동작의 횟수를 세는 양사(量词)로, 우리말의 '잠시'나 '좀'처럼 특정 동작이 비교적 짧고 가볍게 진행되는 것을 나타낸다.

念一下吧。Niàn yīxià ba.
等一下吧。Děng yīxià ba.

7. 一点儿

정확한 수량이 제시되지 않은 부정양사(不定量词)로, 상당히 적은 양을 나타내며, 관형어 · 보어 · 목적어 등으로 쓰인다. 문장 앞머리에 쓰이지 않을 때에는 '一'를 보통 생략하지만, '一' 이외의 다른 수는 올 수 없다.

再吃(一)点儿吧! Zài chī (yī)diǎnr ba!
再喝(一)点儿茶吧! Zài hē (yī)diǎnr chá ba!

8. '是'자문

주요 술어가 '是'인 문장을 '是'자문이라고 하며, 동사인 '是' 앞뒤로 주어와 목적어가 위치한다. 본래 '是'가 동사이기 때문에 '是'자문 자체를 동사 술어문에 포함시킬 수도 있다.

这是我朋友。Zhè shì wǒ péngyou.

⇒ 这[주어:대사]+是[술어:동사]+我[관형어:대사]+朋友[목적어:명사]。

한편, '是'자문을 넓은 의미의 명사 술어문에 포함시켜야 한다는 주장도 있다.

9. 질문의 방법(2) - 의문사의 활용

중국어의 주요 의문사는 다음과 같다.

구분	종류	의미
대사(代词)	谁 shéi(혹은 shuí)	누구
	什么 shénme	무엇, 무슨
	哪 nǎ	어느 (것)
	怎么 zěnme	어떻게, 어째서
	什么时候 shénme shíhou	언제
	哪儿 nǎr 哪里 nǎli 什么地方 shénme dìfang	어디
	为什么 wèi shénme	왜, 무엇 때문에
	怎么样 zěnmeyàng 怎样 zěnyàng	어떠한가
수사(数词)	几 jǐ	몇
	多少 duōshao	얼마
	多 duō	얼마나

의문사를 활용하여 질문할 때 어순은 변화하지 않으며 문말에 '吗'를 붙이지 않는다. 얻고자 하는 답의 자리에 의문사를 놓기 때문에 의문사는 놓인 위치에 따라 여러 가지 문장 성분으로 활용될 수 있다.

谁是老师？ Shéi shì lǎoshī?
你们老师是谁？ Nǐmen lǎoshī shì shéi?
有什么问题？ Yǒu shénme wèntí?
你去哪儿？ Nǐ qù nǎr?
他什么时候去？ Tā shénme shíhou qù?
你家有几口人？ Nǐ jiā yǒu jǐ kǒu rén?
多少钱？ Duōshao qián?
长城有多长？ Chángchéng yǒu duō cháng?

10. 부정(否定)의 표현

중국어에서는 부정사(否定词)를 동사나 형용사 앞에 놓아 부정을 표현한다. 가장 자주 쓰이는 부정사는 '不'이다. 단, 동사 '有'는 '没'로 부정한다.

张老师今天不来。Zhāng lǎoshī jīntiān bù lái.
今天不太热。Jīntiān bù tài rè.
他不是中国人。Tā bù shì Zhōngguórén.
明天我没有时间。Míngtiān wǒ méiyou shíjiān.

11. 지시대사

중국어의 주요 지시대사는 다음과 같다.

구분	단수	의미	처소격	수식형
근칭	这 zhè	이, 이것	这儿 zhèr 这里 zhèli	这样 zhèyàng 这么 zhème
원칭	那 nà	그, 그것 저, 저것	那儿 nàr 那里 nàli	那样 nàyàng 那么 nàme

12. 관형어[定语]와 중심어

명사나 명사구를 수식하는 말을 관형어라고 하며, 관형어의 수식을 받는 명사와 명사구를 중심어라고 한다. 관형어와 중심어 사이에는 일반적으로 구조조사(构造助词) '的'가 놓여, 소유나 수식 관계를 나타낸다.

他的自行车 tā de zìxíngchē
文老板的公司 Wén lǎobǎn de gōngsī

'的' 뒤의 중심어가 생략되면, 앞의 관형어 부분이 명사화되었다고 할 수 있다.

吃的 chī de
便宜的 piányi de
我们的 wǒmen de
老师的 lǎoshī de

관형어가 단음절 형용사이거나, 관형어(특히 인칭대사인 경우)와 중심어가 친족 · 소속 등의 관계를 나타날 때에는 흔히 '的'를 생략한다.

他爸爸 tā bàba
老朋友 lǎo péngyou
我们学校 wǒmen xuéxiào

13. '了'의 활용(1)

특정 행위나 동작이 구체적으로 발생하였음을 나타낼 때, 동작동사 바로 뒤에 동태조사(动态助词) '了'를 쓴다. 이러한 표현을 완료태(完了态)라고 한다.

她昨天走了。Tā zuótiān zǒu le.

완료태의 부정은 '了'를 빼고 동작동사 앞에 '没(有)'를 쓴다.

他还没(有)来。Tā hái méi(you) lái.

한편, 정도를 나타내는 부사 '太'는 문장 끝에 변화태(变化态)를 나타내는 조사 '了'를 동반할 수 있다.

他最近太瘦了。Tā zuìjìn tài shòu le.
这里的菜太香了。Zhèli de cài tài xiāng le.

연습과 보충

1. 녹음을 듣고 중문(中文)과 병음(拼音)으로 옮겨 봅시다.

①

②

③

④

⑤

⑥

⑦

⑧

⑨

⑩

⑪

⑫

⑬

⑭

⑮

⑯

⑰

⑱

⑲

⑳

2. 상자 속 표현으로 바꾸어 연습합시다.

这是我的

名片。 朋友。 哥哥。 弟弟。 姐姐。 妹妹。 运动鞋。

欢迎你来

参加晚会。
韩国。
我们大学。
参加比赛。
参观展览会。

很 | 忙 | 吧？

忙
累
远
近
重
轻

3. 다음 대화를 중국어로 표현해 봅시다.

A : 너 이름이 뭐니?
B : 나는 김수민(金秀民)이라고 해. 넌 이름이 뭐니?
A : 난 왕펑(王朋)이야. 만나서 반갑다!
B : 나도 반가워!

A : 여러분 안녕하십니까! 저는 김수민(金秀民)이라고 합니다.
B : 처음 뵙겠습니다. 저는 장원(张文)이라고 합니다. 우리 학교에 오신 것을 환영합니다.
C : 안녕하십니까? 저는 왕펑(王朋)입니다. 만나서 반갑습니다.
A : 저 역시 여러분을 뵙게 되어 기쁩니다.

A : 리(李) 선생님, 안녕하세요?
B : 장(张) 선생님, 환영합니다! 어서 들어오세요!
A : 늦게 와서 죄송합니다.
B : 별 말씀을! 먼저 차 좀 드시죠.
A : 감사합니다.

4. 다음 표현들을 읽고 뜻을 풀이해 봅시다.

① 客气 : 他说话挺客气。

② 见面 : 下午我要跟一位外国专家见面。

③ 介绍、认识 : ㉠ 我们认识已经有十年了。㉡ 我们是通过王老师的介绍认识的。

④ 叫 : ㉠ 有人叫门，你去看看。㉡ 这个叫什么？

⑤ 非常、高兴 : 听到弟弟考上大学的消息，我们全家都非常高兴。

⑥ 参加、工作 : 我姐姐去年已经大学毕业参加工作了。

⑦ 失败是成功之母

04 一共有六口人

중점표현

1. 你家有几口人？
   Nǐ jiā yǒu jǐ kǒu rén?

2. 我家有爸爸、妈妈、妹妹和我。
   Wǒ jiā yǒu bàba、māma、mèimei hé wǒ.

3. 他在银行工作。
   Tā zài yínháng gōngzuò.

4. 王朋是坐飞机去的天津。
   Wáng Péng shì zuò fēijī qù de Tiānjīn.

회화

A：你家有几口人？

Nǐ jiā yǒu jǐ kǒu rén?

B：我家有爸爸、妈妈和一个妹妹。秀民，你家有几口人？

Wǒ jiā yǒu bàba、māma hé yī gè mèimei. Xiùmín, nǐ jiā yǒu jǐ kǒu rén?

A：奶奶、爸爸、妈妈、哥哥、姐姐和我，一共有六口人。

Nǎinai、bàba、māma、gēge、jiějie hé wǒ, yīgòng yǒu liù kǒu rén.

B：你爸爸是做什么的？

Nǐ bàba shì zuò shénme de?

A：他在银行工作。你爸爸呢？

Tā zài yínháng gōngzuò. Nǐ bàba ne?

B：他是个公务员。

Tā shì gè gōngwùyuán.

A：你现在住在哪儿？

Nǐ xiànzài zhùzài nǎr?

B：住在留学生楼。
Zhùzài liúxuéshēnglóu.

A：几楼几号？
Jǐ lóu jǐ hào?

B：6楼，608号。
Liù lóu, liù líng bā hào.

A：你能告诉我你的手机号码吗？
Nǐ néng gàosu wǒ nǐ de shǒujī hàomǎ ma?

B：可以，我的号码是15962128686。
Kěyǐ, wǒ de hàomǎ shì yāo wǔ jiǔ liù èr yāo èr bā liù bā liù.

새낱말

家	jiā	집
有	yǒu	있다, 소유하다
没有	méiyou	없다, ~하지 않았다
几	jǐ	몇
口	kǒu	식구(가족을 세는 단위)
人	rén	사람
爷爷	yéye	할아버지
奶奶	nǎinai	할머니
爸爸	bàba	아버지
妈妈	māma	어머니
姐姐	jiějie	누나, 언니
哥哥	gēge	형, 오빠
妹妹	mèimei	여동생
弟弟	dìdi	남동생
和	hé	~와(과)
在	zài	~에(서), ~에 있다
银行	yínháng	은행
飞机	fēijī	비행기
一共	yīgòng	합계, 전부
做	zuò	하다, 만들다
什么	shénme	무엇, 무슨

个	gè	개, 명
公务员	gōngwùyuán	공무원
住	zhù	살다, 머무르다, 멎다
留学生	liúxuéshēng	유학생
楼	lóu	건물, 층, 동(栋)
号	hào	번호, 일(日)
能	néng	~할 수 있다
告诉	gàosu	알리다
手机	shǒujī	핸드폰
号码	hàomǎ	번호, 숫자
天津	Tiānjīn	티앤진

해설

1. 和

명사 혹은 명사구를 연결시킬 때 접속사[连词] '和'를 쓰며, 셋 이상의 단어를 나열할 때에는 마지막에 한번만 '和'를 쓰고 각 단어 사이에는 모점[顿号] '、'을 쓴다.

张文老师和金秀民同学明天一起出发。
Zhāng Wén lǎoshī hé Jīn Xiùmín tóngxué míngtiān yīqǐ chūfā.

我家有爷爷、爸爸、妈妈、哥哥、姐姐和我。
Wǒ jiā yǒu yéye、bàba、māma、gēge、jiějie hé wǒ.

2. 在

'在'와 같이 명사나 대사 앞에 놓여 동작의 시간 · 처소 · 방향 · 대상 · 원인 · 목적 · 방식 · 피동 · 비교 등의 뜻을 나타내는 단어를 전치사[介词]라고 한다. 이는 영어의 전치사와 비슷한 개념이어서 단독으로 쓸 수 없고 뒤에 목적어를 동반한 전치사구[介宾词组]를 이루어 기능한다. 이 전치사구의 위치는 반드시 술어 앞이다.

请你往前走吧。Qǐng nǐ wǎng qián zǒu ba.
你在哪儿工作？ Nǐ zài nǎr gōngzuò?
明天跟他一起吃饭。Míngtiān gēn tā yīqǐ chī fàn.

그러나 다음 표현의 '在'는 동사 뒤에 있기 때문에 전치사가 아니라 결과보어(结果补语)이다.

我住在留学生宿舍。Wǒ zhùzài liúxuéshēng sùshè.

3. 수사

숫자를 나타내는 단어를 수사(数词)라고 한다. 중국 역시 우리와 동일하게 십(十), 백(百), 천(千), 만(万) 단위 십진법으로 숫자를 표현하고 읽는다.

小写 :	零	一	二	三	四	五	六	七	八	九	十	百	千	万	亿
大写 :	零	壹	贰	参	肆	伍	陆	柒	捌	玖	拾	佰	仟	万	亿
	líng	yī	èr	sān	sì	wǔ	liù	qī	bā	jiǔ	shí	bǎi	qiān	wàn	yì

정수를 중국어로 읽는 방법은 한국어와 비슷하다. 특히 1부터 99까지는 한국어와 완전히 동일하다. 전화번호, 차량번호, 버스노선번호, 방번호 등은 각 숫자를 하나씩 읽는다.

12 ⇒ 十二
356 ⇒ 三百五十六
7,000,000 ⇒ 七百万
508号 ⇒ 五零八号

그러나 다음 몇 가지 사항에 유의해야 한다.

1) '0'의 경우 단독으로 쓰인 '0'은 '零'으로 쓰고 [líng]으로 발음한다. 정수 중간에 들어간 '0'은 다음과 같이 읽는다.

409 ⇒ 四百零九
7,082 ⇒ 七千零八十二
30,400 ⇒ 三万零四百
600,055 ⇒ 六十万零五十五
(※중간에 '0'이 여러 개 있어도 한번만 '零'으로 읽음)

'万、千、百、十'의 단위가 둘 이상 이어지고 '0'으로 끝나는 정수는 '0'이

여럿 있어도 마지막 단위를 흔히 읽지 않고 생략한다. 단, 마지막 단위가 '万'일 때에는 읽어야 한다.

800 ⇒ 八百
860 ⇒ 八百六(十)
86,500 ⇒ 八万六千五(百)
8,650,000 ⇒ 八百六十五万

전화번호나 차량번호 등에 쓰인 '0'은 빠짐없이 읽는다.

我们公司的电话号码是36000049。
⇒ 我们公司的电话号码是三六零零零零四九。

2) '1'의 경우 100 이상의 정수에 쓰인 '1'은 반드시 '一'를 붙여 읽는다.

315 ⇒ 三百一十五
(※ '一'를 반드시 붙여 읽어야 하는 점에 유의, 이하 같음)
5,169 ⇒ 五千一百六十九
14,500 ⇒ 一万四千五百
100,000 ⇒ 十万 (※ '一十万'으로 읽지 않는 점에 유의)
1,000,000 ⇒ 一百万
10,000,000 ⇒ 一千万
100,000,000 ⇒ 一亿

버스노선번호나 방번호 등에 쓰인 '1'은 흔히 '幺(혹은 么)'로 쓰고 [yāo]로 발음한다.

113路 ⇒ 幺幺三路
1107号 ⇒ 幺幺零七号

3) '2'의 경우 백, 천, 만 단위에 쓰인 '2'는 '两'으로 쓰고 [liǎng]으로 발음하는 것이 일반적이다.

2 ⇒ 二
22 ⇒ 二十二 (※ '两十二'로 읽지 않는 점에 유의)
222 ⇒ 两百二十二 혹은 二百二十二
2,000 ⇒ 两千 혹은 二千
20,000 ⇒ 两万 혹은 二万
200,000 ⇒ 二十万 (※ '两十万'으로 읽지 않는 점에 유의)
2,000,000 ⇒ 两百万 혹은 二百万

양사 앞에 쓰인 '2'는 '两'으로 읽는다.

2本书 ⇒ 两本书
02:00 ⇒ 两点
12位老师 ⇒ 十二位老师
20个人 ⇒ 二十个人

4) 기타 여러 가지 숫자의 표현

46.027 ⇒ 四十六点零二七
⅝ ⇒ 八分之五
37.5% ⇒ 百分之三十七点五
제2과 ⇒ 第二课
세 번째 사람 ⇒ 第三个人
99페이지 7행 ⇒ 第九十九页 第七行
2+4=6 ⇒ 二加四等于六。[加法]
6−4=2 ⇒ 六减四等于二。[减法]
4×2=8 ⇒ 四乘以二等于八。[乘法]
8÷4=2 ⇒ 八除以四等于二。[除法]
3:1 ⇒ 三比一
2학년 ⇒ 二年级
14학번 ⇒ 一四级

4. 양사(量词)

사물의 수효나 동작의 횟수를 세는 단위를 양사라고 하며, 크게 명량사(名量词)와 동량사(动量词)로 나뉜다. 명량사에는 개체양사, 집합양사, 도량사, 부정양사, 임시양사 등이 있다. 명량사가 다른 관형어들과 함께 쓰일 때의 어순은 '대사+수사+양사+형용사+명사'이다. 중국어의 양사는 단어의 의미로 그 기능을 유추할 수도 있지만, 종류가 워낙 많고 쓰임새가 다양하기 때문에 하나하나 익히는 수밖에 없다. 주요 명량사는 다음과 같다.

把 : 손잡이가 있는 물건. 一把刀子. 一把伞. 一把椅子.
包 : 꾸러미, 봉지. 一包大米.
杯 : 컵, 술잔. 一杯咖啡.
本 : 책 종류. 一本杂志.
部 : 영화, 기기, 책, 핸드폰, 소설. 一部电影. 一部手机
场(cháng) : 사물의 경과, 자연 현상. 一场争论. 一场雨.
场(chǎng) : 문화, 오락, 체육. 一场球赛.
道 : 가늘고 긴 사물, 강물, 문, 명령. 一道河. 一道门.
滴 : 액체 방울. 一滴眼泪.
段 : 사물의 토막, 시공(时空)의 일정한 구간. 一段木头. 一段时间.
对 : 짝으로 된 사물. 一对夫妻.
顿 : 끼니. 一顿晚饭.
朵 : 꽃송이, 구름. 一朵花.
份 : 신문, 문건. 一份人民日报.
封 : 편지, 봉한 사물. 一封信.
幅 : 그림. 一幅画.
副 : 장갑, 얼굴 표정. 一副手套.
个 : 가장 일반적인 명량사. 一个朋友.
行 : 글자, 눈물, 기러기. 一行字. 一行雁.
家 : 호텔, 상점, 은행, 기업. 一家企业. 一家商店.
架 : 기계, 조립한 사물. 一架钢琴. 一架飞机.
间 : 집, 방. 一间房间.

件 : 일, 옷, 짐. 一件事. 一件衣服.

节 : 시간표, 기차. 第三节课.

届 : 정기적인 회의, 졸업 연차. 第十二届全国人民代表大会.

句 : 말, 구호. 一句话.

棵 : 식물. 一棵树. 一棵白菜.

口 : 식구, 가축, 입구가 있는 사물. 一家五口人. 一口猪. 一口井.

块 : 돈, 덩어리. 一千块. 一块石头.

辆 : 차량. 一辆汽车.

门 : 기술, 대포, 교과목. 一门汉语课. 一门大炮.

面 : 깃발, 거울. 三面红旗. 一面镜子.

排 : 줄지은 사람과 물건. 一排座位.

批 : 상품, 무기. 一批商品.

匹 : 말, 옷감. 一匹马.

篇 : 일기, 이야기. 一篇故事.

片 : 고기, 땅, 벽돌. 一片肉.

瓶 : 병. 一瓶啤酒. 一瓶矿泉水.

首 : 시, 노래. 一首歌.

双 : 짝을 이루는 사물. 一双皮鞋. 一双袜子.

所 : 은행, 호텔, 학교. 一所大学.

套 : 세트 단위 사물. 一套西服.

条 : 길고 구부러진 사물. 一条街. 一条带子. 一条裤子.

头 : 소, 당나귀. 一头牛.

碗 : 밥, 그릇. 一碗饭.

位 : 사람(경칭). 一位老师. 一位客人.

箱 : 상자. 一箱啤酒.

项 : 계획, 주장, 제도, 정책, 직업. 一项工作. 一项计划.

张 : 넓고 평평한 사물. 一张纸. 一张桌子.

只 : 동물, 배, 짝을 이루는 사물의 한 쪽. 一只狗. 一只手. 一只船.

支 : 가늘고 긴 무생물, 악곡. 一支铅笔. 一支钢笔. 一支香烟.

座 : 크고 고정된 사물. 一座桥. 一座楼. 一座山.

주요 동량사는 다음과 같다.

遍 : 처음부터 끝까지 모든 과정. 看一遍.
次 : 비교적 긴 시간 동안 진지하게 진행되거나 반복적으로 발생하는 동작. 来过两次.
顿 : 식사, 비판, 견책의 동작. 骂了一顿.
回 : 사건이나 동작. 去过一回.
声 : 소리를 내거나 말하는 동작. 说一声.
趟 : 왕복의 동작이나 교통수단의 운행 과정. 走一趟.
下 : 일반적인 동작. 打了几下.
阵 : 시간이나 사건, 동작이 경과한 단락. 打了一阵. 笑了一阵.

5. 多少와 几

숫자를 묻는 의문수사인 '多少'와 '几'의 차이는 다음과 같다. '多少'는 숫자 크기와 상관없이 쓰이나, '几'는 일반적으로 10 이하의 수를 물을 때 쓰인다. '多少' 뒤의 양사는 흔히 생략되며, 그 뒤에 양사적 성질을 지닌 명사가 오기도 한다. 반면 '几'와 명사 사이에는 반드시 양사가 와야 한다.

你们班有多少(个)学生? Nǐmen bān yǒu duōshao (gè) xuésheng?
这个东西多少钱? Zhège dōngxi duōshao qián?
你家有几口人? Nǐ jiā yǒu jǐ kǒu rén?

6. '是~的'문

이 형식은 이미 발생한 동작의 시각 · 장소 · 방식 · 도구 · 대상 · 원인 등을 강조하는 데에 쓰이며, 긍정이나 확신의 어기가 강함을 나타내고자 할 때도 쓰인다. 간혹 '是'가 생략되기도 한다.

她是昨天来的。Tā shì zuótiān lái de.
王朋是从农村来的。Wáng Péng shì cóng nóngcūn lái de.

연습과 보충

1. 녹음을 듣고 중문(中文)과 병음(拼音)으로 옮겨 봅시다.

①

②

③

④

⑤

⑥

⑦

⑧

⑨

2. 상자 속 표현으로 바꾸어 연습합시다.

你家有	几口人？ 几只狗？ 几架钢琴？ 几台电扇？ 几辆自行车？

她 我妈妈 他爸爸 她妹妹 我哥哥	在	银行 邮局 机场 食堂 药店	工作。

他是个	公务员。 司机。 医生。 工程师。 公司职员。

3. 다음 대화를 중국어로 표현해 봅시다.

A : 너희 집에 몇 식구 있어?
B : 우리 집에 아버지, 어머니, 남동생과 나, 모두 네 식구 있어. 너네는?
A : 우리 집엔 할아버지, 할머니, 아버지, 어머니, 누나, 형, 여동생과 나, 모두 여덟 식구야.
B : 너희 아버지는 무슨 일 하시는데?
A : 우리 아버지는 학교 선생님이야. 너희 아버지는?
B : 우리 아버지는 공장에서 일하셔.
A : 너 지금 어디 살고 있니?
B : 지금 학생 기숙사에 살고 있어.
A : 몇 층 몇 호니?
B : 7층 703호야.

4. 다음 숫자들을 중국어로 표현해 봅시다.

12 [정수]	914 [정수]	5,098 [정수]	74,000 [정수]
20,000,000 [정수]	3.14 [소수]	67.5% [백분율]	$\frac{3}{4}$ [분수]
042-280-2114 [전화번호]	1305 [방번호]	612 [버스 노선]	81961 [차량 번호]

5. 괄호 안에 들어갈 알맞은 양사를 골라 봅시다.

套	碗	行	根	份	名	阵	杯	场	张	篇	打	口	门	所	个	本
朵	阵	把	部	条	件	匹	座	节	次	间	家	辆	支	封	片	架
瓶	箱	批	趟	幅	包	度	棵	位	头	种	届	块	滴	只	顿	面

一(　)床　　一(　)圆珠笔　　一(　)啤酒

看了一(　)　　一(　)汉语课　　一(　)词典

一(　)猪　　一(　)餐厅　　一(　)毛衣

一(　)足球比赛　　一(　)午饭　　一(　)大学

一(　)摩托车　　一(　)老师　　一(　)筷子

一(　)钱　　一(　)电脑　　一(　)山

一(　)凉鞋　　一(　)雨伞　　一(　)人民日报

一(　)玫瑰花　　一(　)牛仔裤　　一(　)全国人民代表大会

6. 다음 단어들을 자습합시다.

할아버지	爷爷	yéye
할머니	奶奶	nǎinai
아버지	爸爸	bàba
어머니	妈妈	māma
형, 오빠	哥哥	gēge
누나, 언니	姐姐	jiějie
남동생	弟弟	dìdi
여동생	妹妹	mèimei
남편	丈夫, 爱人	zhàngfu, àiren
아내	妻子, 爱人	qīzi, àiren
아들	儿子	érzi
딸	女儿	nǚ'ér

7. 다음 표현들을 읽고 뜻을 풀이해 봅시다.

① 一共 : 这套全集一共是二十二本。

② 做 : ㉠ 这件衣服做得真结实。 ㉡ 饭菜我都做好了。

③ 住 : ㉠ 你住在什么地方？ ㉡ 他住了一夜就走了。

④ 告诉 : 请你告诉同学们，下午去参观。

⑤ 愚公移山

05 明天星期几

중점표현

1. 今天几号？
   Jīntiān jǐ hào?

2. 后天星期几？
   Hòutiān xīngqī jǐ?

3. 今天12月24日，星期二。
   Jīntiān shí'èr yuè èrshísì rì, xīngqī'èr.

4. 下星期五要回国。
   Xià xīngqīwǔ yào huí guó.

5. 下了课就一起踢足球吧。
   Xiàle kè jiù yīqǐ tī zúqiú ba.

6. 祝你生日快乐！
   Zhù nǐ shēngrì kuàilè!

회화

1 A：秀民，后天晚上你要做什么？
Xiùmín, hòutiān wǎnshang nǐ yào zuò shénme?

B：没有特别的安排。有什么事吗？
Méiyou tèbié de ānpái. Yǒu shénme shì ma?

A：后天晚上七点有京剧表演。
Hòutiān wǎnshang qī diǎn yǒu jīngjù biǎoyǎn.

B：后天星期几？
Hòutiān xīngqī jǐ?

A：星期天，11月8号。我们一起去看，行吗？
Xīngqītiān, shíyī yuè bā hào. Wǒmen yīqǐ qù kàn, xíng ma?

B：行，咱们一起去吧。
Xíng, zánmen yīqǐ qù ba.

2 A：听说，你下个星期要回韩国，对吗？
Tīngshuō, nǐ xià gè xīngqī yào huí Hánguó, duì ma?

B：对，下星期五回国。
Duì, xià xīngqīwǔ huí guó.

A：什么时候回来呢？
Shénme shíhou huílái ne?

B：过了中秋节就回来。回来以后联系你吧！
Guòle Zhōngqiū Jié jiù huílái. Huílái yǐhòu liánxì nǐ ba!

A：好，祝你一路顺风！
Hǎo, zhù nǐ yīlù shùnfēng!

B：谢谢！我也祝你身体健康！
Xièxie! Wǒ yě zhù nǐ shēntǐ jiànkāng!

새낱말

年	nián	년
月	yuè	월
日	rì	일
星期	xīngqī	주, 요일
礼拜	lǐbài	주, 요일
周	zhōu	주, 요일
要	yào	~할 것이다, ~해야 하다, 곧 ~하려고 하다, 필요하다
回	huí	(원점에)도착하다, 돌리다, 회답하다, 번
国	guó	나라
回国	huí guó	귀국하다
回来	huílái	돌아오다
回去	huíqù	돌아가다
就	jiù	곧, 즉시, 이미, 오직, 꼭, 바로
一起	yīqǐ	함께
踢	tī	차다
足球	zúqiú	축구
祝	zhù	빌다, 축하하다
生日	shēngrì	생일
快乐	kuàilè	즐겁다, 유쾌하다
特别	tèbié	특별하다, 특히, 일부러
安排	ānpái	계획, 처리, 배치하다, 마련하다

事(儿)	shì(r)	일
京剧	jīngjù	경극
表演	biǎoyǎn	공연하다, 연기하다
行	xíng	괜찮다, 좋다
看	kàn	보다, 방문하다, 진찰하다
听	tīng	듣다
说	shuō	말하다, 설명하다
写	xiě	쓰다
念	niàn	읽다, 공부하다
读	dú	읽다, 공부하다
听说	tīngshuō	듣자하니 ~이라 하다
咱们	zánmen	우리
时候	shíhou	때
一路	yīlù	도중
顺风	shùnfēng	운수가 좋다, (여정이)순조롭다
身体	shēntǐ	신체, 몸
健康	jiànkāng	건강하다
韩国	Hánguó	한국
中秋节	Zhōngqiū Jié	추석

해설

1. 要

'要'와 같이 동사나 형용사 앞에서 능력 · 가능 · 소망 · 허가 · 추정 · 당위 등을 나타내는 동사를 조동사[能愿动词]라고 한다.

2. 就

부사 '就'는 일의 진행이 순조로움, 두 행위가 긴밀하게 연이어 발생함, 객관적 사실을 강한 어조로 긍정함, 동작이 곧 발생하려고 함, 앞 문장의 내용 뒤에 곧바로 결론이 이어짐, 특정 조건 하에서 다음 동작이 자연스럽게 진행됨, '다만'의 느낌 등을 나타낸다.

下了课就一起去看足球比赛吧。
Xiàle kè jiù yīqǐ qù kàn zúqiú bǐsài ba.

3. 연월일과 요일의 표현

연도에 쓰인 숫자는 하나씩 따로 읽는다.

1985年 ⇒ 一九八五年
2014年 ⇒ 二零一四年

월일(月日) 표현은 한국어과 같다.

一月 二月 三月 四月 五月 六月 七月 八月 九月 十月 十一月 十二月
一日 二日 三日 四日 五日 六日 … 二十九日 三十日 三十一日

단, 구어에서는 '日' 대신 '号'를 더 자주 사용한다.

요일 표현은 다음과 같다.

星期、周 + 一、 二、 三、 四、 五、 六、 天(日)
월 화 수 목 금 토 일

단, '周天'은 쓸 수 없고 '周日'만 쓸 수 있다.

4. 중국어의 어순과 구조(2) - 명사 술어문[名词谓语文]

명사가 술어를 구성하면 명사 술어문이라고 한다. 날짜 · 시각 · 출신 · 연령 · 수량 등을 표현하는 명사 술어문에서는 보통 '是'를 쓰지 않는다. 특별히 강조할 필요가 있을 때 혹은 부정문에서는 '是'를 생략하지 않는다.

他上海人。Tā Shànghǎirén.
明天十二月三十一号。Míngtiān shí'èr yuè sānshíyī hào.
今天不是星期二。Jīntiān bù shì xīngqī'èr.

연습과 보충

1. 녹음을 듣고 중문(中文)과 병음(拼音)으로 옮겨 봅시다.

①

②

③

④

⑤

⑥

⑦

2. 상자 속 표현으로 바꾸어 연습합시다.

后天晚上 明天下午 星期四上午 星期日早上 下星期六晚上	你要做什么？

这个星期六	要	回国。
下星期五		离开。
这个月二十四日		回来。
下个月八号		回去。
明年三月		考试。

祝你	一路顺风！
	一路平安！
	工作顺利！
	学习进步！
	新年快乐！
	圣诞快乐！
	全家幸福！
	幸福久久！
	心想事成！
	生意兴隆！
	财源滚滚！
	身体健康！
	万事如意！

3. 다음 대화를 중국어로 표현해 봅시다.

A : 너 수요일 저녁에 뭐할 거니?
B : 별다른 계획 없는데.
A : 그럼 우리 같이 드라마 보는거 어때?
B : 수요일이 몇 월 며칠이지?
A : 10월 22일이야.
B : 오케이. 무슨 드라마야?
A : 한국 드라마야. 제목은 〈별에서 온 그대〉야.

4. 다음 표현들을 천천히 반복해서 연습해 봅시다.

一月 二月 三月 四月 五月 六月 七月 八月 九月 十月 十一月 十二月

三日 六号 十日 十二号 十五日 二十四号 二十九日 三十号 三十一日

星期一 星期二 星期三 星期四 星期五 星期六 星期天(星期日)

5. 다음 표현들을 자습합시다.

년(年)	월(月)	주[星期、周]	일[天]
大前年			大前天
前年	上上(个)月	上上(个)星期	前天
去年	上(个)月	上(个)星期	昨天
今年	这(个)月、本月	这(个)星期、本周	今天
明年	下(个)月	下(个)星期	明天
后年	下下(个)月	下下(个)星期	后天
大后年			大后天

6. 다음 표현들을 읽고 뜻을 풀이해 봅시다.

① 一起、安排 : ㉠ 这两种工作最好一起安排。㉡ 你要学会安排生活。

② 特别 : 我很喜欢听音乐，特别是民族音乐。

③ 表演 : 晚会上，演员们为大家表演了非常精彩的文艺节目。

④ 听说 : 听说他已经离开了，是真的吗?

⑤ 联系 : ㉠ 大学毕业后我们就失去了联系，我很想他。㉡ 我们俩经常在电话中联系。

⑥ 众人拾柴火焰高

06 几点出发

중점표현

1. 现在几点了？
   Xiànzài jǐ diǎn le?

2. 两点从学校出发。
   Liǎng diǎn cóng xuéxiào chūfā.

회화

1 A：秀民，你明天有课吗？
Xiùmín, nǐ míngtiān yǒu kè ma?

B：十一点有课，上到三点。
Shíyī diǎn yǒu kè, shàngdào sān diǎn.

A：明天下午打算和几个同学一起打篮球，你也要打吗？
Míngtiān xiàwǔ dǎsuan hé jǐ gè tóngxué yīqǐ dǎ lánqiú, nǐ yě yào dǎ ma?

B：好，三点下了课之后，给你发短信。
Hǎo, sān diǎn xiàle kè zhīhòu, gěi nǐ fā duǎnxìn.

2 A：我星期日打算去游览长城，你也要去吗？
Wǒ xīngqīrì dǎsuan qù yóulǎn Chángchéng, nǐ yě yào qù ma?

B：好哇！几点出发？
Hǎo wa! Jǐ diǎn chūfā?

A：上午九点，怎么样？
Shàngwǔ jiǔ diǎn, zěnmeyàng?

B：听人家说，长城有许多游客，不如早一点出发。
Tīng rénjia shuō, Chángchéng yǒu xǔduō yóukè, bùrú zǎo yīdiǎn chūfā.

A：那么，七点半从学校出发，你看行不行？
Nàme, qī diǎn bàn cóng xuéxiào chūfā, nǐ kàn xíng bù xíng?

B：没问题。
Méi wèntí.

새낱말

点	diǎn	시(时)
分	fēn	분(分)
秒	miǎo	초(秒)
从	cóng	~부터
学校	xuéxiào	학교
出发	chūfā	출발(하다)
到达	dàodá	도착하다
打算	dǎsuan	계획(하다)
打	dǎ	(구기 운동을)하다
篮球	lánqiú	농구
之后	zhīhòu	~한 다음에
给	gěi	주다, ~를 위하여, ~에게, ~에 의하여
发	fā	보내다, 발생하다
短信	duǎnxìn	문자 메시지
信息	xìnxī	문자 메시지
游览	yóulǎn	관광하다
哇	wa	(감탄을 나타내는 조사)
上午	shàngwǔ	오전
下午	xiàwǔ	오후
中午	zhōngwǔ	낮 12시 전후
人家	rénjia	나, 자기, 다른 사람(들), 어떤 사람

许多	xǔduō	매우 많다
游客	yóukè	관광객
不如	bùrú	~하는 편이 낫다
那么	nàme	그렇게, 저렇게, 그런, 저런, 그러면
这么	zhème	이렇게, 이런
半	bàn	절반, 중간의
问题	wèntí	문제, 질문
长	cháng	길다, 장점
短	duǎn	짧다, 단점
长城	Chángchéng	만리장성

해설

1. 从

행위의 출발점, 행위의 시작 시각, 행위 발생의 범위, 시간의 범위, 판단의 기준 등을 나타내는 전치사이다.

西班牙语课从三点开始。
Xībānyáyǔ kè cóng sān diǎn kāishǐ.

从这儿到宿舍不远。
Cóng zhèr dào sùshè bù yuǎn.

2. 人家

범위가 분명하지 않은 3인칭 단·복수, 특정한 제3자, 자기 자신 등을 가리키는 인칭대사이다.

小声点儿，别影响人家！
Xiǎo shēng diǎnr，bié yǐngxiǎng rénjia！

3. 行不行？(＝行吗？)

진술문 뒤에서 상대의 의견을 묻거나 동의를 구할 때 쓰는 질문의 방식이다. 가운데의 '不'는 경성으로 발음한다. 의미는 다르지만 이와 유사한 형식으로 '是不是？'、'好不好？'、'对不对？' 등이 있으며, 이들은 '是吗？'、'好吗？'、'对吗？'와 그 의미가 동일하다. 이 질문의 방식은 전체적으로 친절한 어감을 나타내기 때문에 친절의문문이라고도 한다.

今天我想请你吃饭，好不好？
Jīntiān wǒ xiǎng qǐng nǐ chī fàn，hǎo bù hǎo?

你去帮他一下，行不行？
Nǐ qù bāng tā yīxià，xíng bù xíng?

4. 시각의 표현

중국어에서 시각을 표현하는 단위는 '点-分-秒'이다.

2:00 ⇒ 两点(钟)
2:02 ⇒ 两点零二分
2:05 ⇒ 两点零五分
2:15 ⇒ 两点十五分、两点一刻
2:30 ⇒ 两点三十分、两点半
2:45 ⇒ 两点四十五分、两点三刻
2:55 ⇒ 两点五十五分、差五分三点、三点差五分
(※'差'는 10 미만 단위에 주로 사용)
10:00 ⇒ 十点(钟)
11:00 ⇒ 十一点(钟)
12:00 ⇒ 十二点(钟)

'一刻'와 '三刻'는 쓸 수 있지만, '两刻'와 '四刻'는 쓰지 않는다.

5. 시간의 길이

외국인이 중국어를 구사할 때 시점시각과 경과시간을 혼동해서 사용하는 오류가 종종 발생한다. 예컨대, '두 시'와 '두 시간'을 모두 '两点'으로 표현하는 경우이다. 다음 표를 보면서 중국어의 시점시각 표현과 경과시간 표현을 구분해서 익혀두자.

구분	시점시각		경과시간	
년	1985년	一九八五年	2년 동안	两年
월	2월	二月	2개월 동안	两个月
주	화요일	星期二	2주일 동안	两个星期
일	5일	五日、五号	닷새 동안	五天
시	세 시	三点(钟)	세 시간 동안	三个小时
분	20분	二十分	20분 동안	二十分钟

※ 경과시간의 분(分) 뒤에는 '钟'을 붙인다.

6. '了'의 활용(2)

특정한 동작이 구체적 시각에 발생한 상태이거나, 선행 동작이 일단 발생해야 후행 동작이 이루어질 때에는 선행 동작을 나타내는 동사 뒤에 반드시 조사 '了'가 와야 한다. 특히 두 번째 경우가 중요한데, 선행 동작이 실제로 발생하거나 완료되지 않았음에도 불구하고, '了'를 써야 한다는 규칙은 한국어의 관점에서 접근하면 이해하기 힘들다. 한국어에서는 시제(时制)가, 중국어에서는 시태(时态)가 중시되기 때문에 이러한 차이가 발생한다. 아래의 예를 보자.

下了课之后，给我发短信吧。
Xiàle kè zhīhòu，gěi wǒ fā duǎnxìn ba.

⇒ 선행 동작[수업이 끝나다]이 실제로 발생하지도 완료되지도 않았으나, 반드시 선행 동작이 완료되어야 후행 동작[문자를 보내다]이 발생할 수 있음.

吃了饭再谈吧。
Chīle fàn zài tán ba.

⇒ 선행 동작[밥을 먹다]이 실제로 발생하지도 완료되지도 않았으나, 반드시 선행 동작이 완료되어야 후행 동작[이야기하다]이 발생할 수 있음.

7. 질문의 방법(3) - 선택의문문

두 가지 항목을 제시하고, 청자로 하여금 하나를 선택하게 하는 질문의 방식으로, 술어나 보어의 긍정형과 부정형을 병렬하여 만들고, 문말에 '吗'를 쓰지 않는다. '吗'를 쓰는 질문의 방식과 이 선택의문문은 의미 상 완전히 동일하다. 이 질문의 방식은 정반의문문이라고도 한다.

今天天气好吗？ Jīntiān tiānqì hǎo ma?
= 今天天气好不好？ Jīntiān tiānqì hǎo bù hǎo?

张老师今天去吗？ Zhāng lǎoshī jīntiān qù ma?
= 张老师今天去不去？ Zhāng lǎoshī jīntiān qù bù qù?

这是你的吗？ Zhè shì nǐ de ma?
= 这是不是你的？ Zhè shì bù shì nǐ de?

今天有汉语课吗？ Jīntiān yǒu Hànyǔ kè ma?
= 今天有没有汉语课？ Jīntiān yǒu méi yǒu Hànyǔ kè?

연습과 보충

1. 녹음을 듣고 중문(中文)과 병음(拼音)으로 옮겨 봅시다.

①

②

③

④

⑤

⑥

⑦

⑧

⑨

2. 상자 속 표현으로 바꾸어 연습합시다.

你今天几点 | 上课？
下课？
上班？
下班？
出发？
到达？

你今天几点	上课？ 下课？ 上班？ 下班？ 出发？ 到达？

明天下午四点 今天晚上九点 后天上午十点 星期天早上八点 下星期三晚上七点	一起参加比赛。

一点 两点 三点半 五点十五分 六点二十分 十二点三刻	从	学校 宿舍 我家 教室 公园 办公室	出发。

一年	有	十二个月。
一年		三百六十五天。
一个月		四个星期。
一个月		三十天。
一个星期		七天。
一天		二十四个小时。
一个小时		六十分钟。

3. 다음 대화를 중국어로 표현해 봅시다.

A : 너 오늘 몇 시에 수업 끝나?
B : 오후 세 시에 수업 끝나는데.
A : 나 오늘 저녁에 친구들과 탁구 치러 가는데, 너도 갈래?
B : 오케이. 몇 시에 출발하는데?
A : 네 시에 기숙사에서 출발할텐데, 어때?
B : 괜찮아. 그럼 저녁은 몇 시에 먹을 건데?
A : 여섯 시 반쯤 먹을 거야.

4. 다음 시각을 중국어로 표현해 봅시다.

01:00 12:30 02:45 11:59 05:05 09:12 08:38 07:15

5. 중국어로 현재 시각을 '년-월-일-요일-오전/오후-시-분'의 형식으로 표현해 봅시다.

6. 다음 표현들을 읽고 뜻을 풀이해 봅시다.

① 出发 : 出发日期还没有确定。

② 打算 : 有了钱，你打算做什么？

③ 打 : ㉠ 到天安门，我们打的去吧！ ㉡ 打了几个月的工。

④ 许多 : ㉠ 我们有许多年没见面了。㉡ 他讲的内容，许多是我不知道的。

⑤ 远亲不如近邻

⑥ 百闻不如一见 百见不如一干

7. 손가락으로 숫자 표현하기

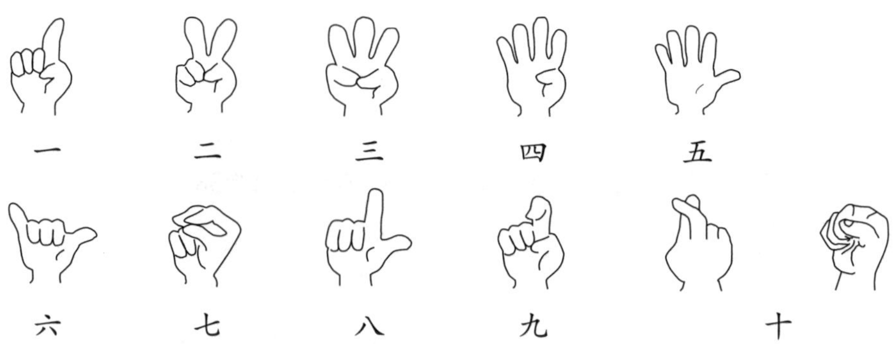

07 学了一年汉语

중점표현

1. 你是哪国人？
   Nǐ shì nǎ guó rén?

2. 你来中国多久了？
   Nǐ lái Zhōngguó duō jiǔ le?

3. 我学汉语学了两年了。
   Wǒ xué Hànyǔ xuéle liǎng nián le.

4. 快十二点了。
   Kuài shí'èr diǎn le.

5. 这个字写错了。
   Zhège zì xiěcuò le.

회화

A：你叫什么名字？
Nǐ jiào shénme míngzi?

B：我叫金秀民，你是……？
Wǒ jiào Jīn Xiùmín, nǐ shì……?

A：我叫黄丽丽，是中文系三年级的学生。
你是韩国人吧？
Wǒ jiào Huáng Lìli, shì Zhōngwénxì sān niánjí de xuésheng.
Nǐ shì Hánguórén ba?

B：对，我是从韩国来的。
Duì, wǒ shì cóng Hánguó lái de.

A：欢迎你来中国。你几年级？
Huānyíng nǐ lái Zhōngguó. Nǐ jǐ niánjí?

B：我也是三年级，今年二十三岁。
Wǒ yě shì sān niánjí, jīnnián èrshísān suì.

A：是吗？你比我大两岁。你来中国多久了？
Shì ma? Nǐ bǐ wǒ dà liǎng suì. Nǐ lái Zhōngguó duō jiǔ le?

B：快一个月了。
Kuài yī gè yuè le.

A：在我们大学留学吗？
Zài wǒmen dàxué liúxué ma?

B：是的。顺便问一下，这两个字怎么读？
Shì de. Shùnbiàn wèn yīxià, zhè liǎng gè zì zěnme dú?

A：第一个字读'解'，第二个字读'决'。
Dì-yī gè zì dú 'jiě', dì-èr gè zì dú 'jué'.

B：那么，这个词就是'解决'，我读对了吗？
Nàme, zhège cí jiùshì 'jiějué', wǒ dúduìle ma?

A：对。你学汉语学了几年了？
Duì. Nǐ xué Hànyǔ xuéle jǐ nián le?

B：只学了半年。
Zhǐ xuéle bàn nián.

A：可是你的普通话真地道啊！
Kěshì nǐ de pǔtōnghuà zhēn dìdao a!

B：哪里哪里，还不流利。
Nǎli nǎli, hái bù liúlì.

새낱말

哪	nǎ	어느 (것)
快	kuài	빠르다, 빨리, 곧
慢	màn	느리다
字	zì	글자
名字	míngzi	이름
年级	niánjí	학년
级	jí	학번
学生	xuésheng	학생
学号	xuéhào	학번
今年	jīnnián	올해
去年	qùnián	작년
明年	míngnián	내년
岁	suì	살, 세
比	bǐ	비교하다, ~보다
大	dà	(사물이)크다, (나이가)많다
小	xiǎo	(사물이)작다, (나이가)적다
大学	dàxué	대학교
中学	zhōngxué	중고등학교
小学	xiǎoxué	초등학교
留学	liúxué	유학하다
顺便	shùnbiàn	~하는 김에

怎么	zěnme	어떻게
词	cí	단어, 낱말
就是	jiùshì	바로, 맞다, ~일지라도, ~뿐이다
解决	jiějué	해결하다
只	zhǐ	단지, 다만
可是	kěshì	그러나, ~지만
普通话	pǔtōnghuà	(현대 중국어의)표준어
地道	dìdao	정통의, 본고장의, 뛰어나다
哪里	nǎli	어디, 별말씀을
流利	liúlì	유창하다
黄	Huáng	황(성씨)
中文系	Zhōngwénxì	중문과
中国	Zhōngguó	중국
汉语	Hànyǔ	중국어

해설

1. 多

'高、长、深、远' 등과 같은 단음절 형용사 앞에서 정도나 수량을 묻는 의문수사이다.

离这儿多远？ Lí zhèr duō yuǎn?
王老师有多高？ Wáng lǎoshī yǒu duō gāo?

2. 比

사람이나 사물의 성질과 특성을 비교할 때 쓰는 전치사이다.

弟弟比妹妹大两岁。Dìdi bǐ mèimei dà liǎng suì.

3. 보어(补语)

일반적으로 술어 뒤에서 술어의 결과, 방향, 정도, 가능, 시간과 횟수, 변화의 양 등을 보충 설명하는 문장 성분을 보어라고 한다. 보어는 동사와 형용사 등 개별 단어부터 구(句), 완전한 문장까지 다양한 성분으로 구성된다. 무엇보다 술어와 보어는 분리되지도 않으며, 술어와 보어 사이에 다른 성분이 들어갈 수 없다는 점에서(구조조사는 예외) 한국어의 보어와는 그 성격이 판이하다는 것을 잊지 말아야 한다.

4. 시량보어(时量补语)

술어 동사와 형용사 뒤에서 동작의 행위가 이루어지거나 상태가 지속되는 시간의 양을 나타내는 말을 시량보어라고 한다.

只学了半年。
Zhǐ xuéle bàn nián.

王朋昨天高兴了一整天。

Wáng Péng zuótiān gāoxìngle yī zhěngtiān.

시량보어와 목적어가 함께 나올 때의 기본 어순은, 동사를 반복한 다음 첫 번째 동사 뒤에 목적어를, 두 번째 동사 뒤에 시량보어를 오도록 하는 것이다. 만일 시량보어 뒤에 동사를 오게 하면 동사를 반복하지 않아도 된다.

주어+동사+목적어+동사+시량보어=주어+동사+시량보어+목적어

我们学汉语学了三年了。= 我们学了三年(的)汉语了。

Wǒmen xué Hànyǔ xuéle sān nián le.

= Wǒmen xuéle sān nián (de) Hànyǔ le.

5. 결과보어(结果补语)

동작의 결과를 설명하거나 동작 이후에 나타난 상태를 설명해 주는 성분을 결과보어라고 하며, 기본 형식은 다음과 같다.

술어[동사 혹은 형용사]+결과보어[단음절 혹은 쌍음절의 동사나 형용사]

결과보어의 개념을 다음 예문을 통해 이해하도록 하자.

我吃饱了。⇒ 我吃了+我饱了

Wǒ chībǎo le. ⇒ wǒ chīle+wǒ bǎole

위 문장에서 '밥을 먹는' 동작을 행한 결과 '배부른 상태에 도달하였음'을 결과보어 '饱'가 나타내고 있다. 만일 '饱'가 없다면 '밥을 먹는' 동작은 발생하였으나 그 후 어떤 결과(예컨대 배불리 먹었는지, 먹다가 중단하였는지 따위)가 나타났는지 파악할 수 없다.

중국어에서 자주 쓰이는 결과보어는 다음과 같다.

1) 到 dào : 목적의 달성, 동작을 통하여 특정 처소·범위·시점에 도달

昨晚喝到两点了。
Zuówǎn hēdào liǎng diǎn le.

2) 着 zháo : 목적의 달성

身份证你找着了吗?
Shēnfènzhèng nǐ zhǎozháole ma?

3) 在 zài : 동작을 통하여 사물이 특정 처소에 존재

有一辆公共汽车停在校门前面。
Yǒu yī liàng gōnggòng qìchē tíngzài xiàomén qiánmiàn.

4) 给 gěi : 전달되는 대상

那本杂志我已经借给他了。
Nà běn zázhì wǒ yǐjīng jiègěi tā le.

5) 住 zhù : 사람이나 사물이 특정 처소에 고정

电邮地址我已经记住了。
Diànyóu dìzhǐ wǒ yǐjīng jìzhù le.

6) 完 wán : 동작의 완료

期末考试我上星期考完了。
Qīmò kǎoshì wǒ shàngxīngqī kǎowán le.

7) 开 kāi : 사람이나 사물이 원래의 장소로부터 분리

同学们, 请安静, 打开教材吧!
Tóngxuémen, qǐng ānjìng, dǎkāi jiàocái ba!

8) 成 chéng : 동작의 결과로 발생한 변화(이전의 성질이 완전히 사라진 변화)

那个教室改成会议室了。
Nàge jiàoshì gǎichéng huìyìshì le.

9) 为 wéi : 동작의 결과로 발생한 변화(이전의 성질을 유지한 변화)

王朋今天升为局长了。
Wáng Péng jīntiān shēngwéi júzhǎng le.

10) 死 sǐ : 극한 상황에 도달

今天累死了。
Jīntiān lèisǐ le.

11) 见 jiàn : 무의식적인 감지나 피동

从这儿看见历史博物馆。
Cóng zhèr kànjiàn lìshǐ bówùguǎn.

12) 懂 dǒng : 이해 단계에 도달

他的话你能听懂吗？
Tā de huà nǐ néng tīngdǒng ma?

13) 上 shàng : 새로운 상태에 진입하여 그 상태에 계속 존재

他妹妹今年考上了北京大学。
Tā mèimei jīnnián kǎoshàngle Běijīng Dàxué.

14) 下 xià : 행위가 실현된 결과로 사람이나 사물이 최종 위치에 존재

请脱下鞋子！
Qǐng tuōxià xiézi!

15) 好 hǎo : 행위가 성공적으로 완료

饭做好了。
Fàn zuòhǎo le.

16) 极 jí : 극도에 도달

这件事麻烦极了。
Zhè jiàn shì máfan jí le.

17) 明白 míngbai、清楚 qīngchu : 행위의 결과가 명백해짐

他的话我听清楚了。
Tā de huà wǒ tīng qīngchu le.

18) 多 duō : 동작이 이미 많이 진행됨, 이전 상태와 많이 달라짐

这个地方现在方便多了。
Zhège dìfang xiànzài fāngbiàn duō le.

19) 光 guāng : 조금도 남은 것이 없음

五块的都卖光了。
Wǔ kuài de dōu màiguāng le.

20) 对 duì、错 cuò : 행위의 결과가 맞고 틀림

昨天坐错了公交，今天坐对了。
Zuótiān zuòcuòle gōngjiāo，jīntiān zuòduì le.

그 밖에 '饱 bǎo'、'惯 guàn'、'干净 gānjìng' 등이 결과보어로 사용된다. 술어와 결과보어 사이에는 다른 성분이 올 수 없으며, 일반적으로 목적어와 동태조사는 결과보어 뒤에 위치한다. 결과보어를 부정할 때는 '没(有)'를 쓴다.

6. '了'의 활용(3)

동작의 완료를 표시하는 것 말고도, 여러 술어문에서 '了'는 상태의 변화를 나타낸다. 이때 '了'는 항상 문말에 오고, 시제의 제한을 받지 않는다. 이러한 표현을 변화태(变化态)라고 한다.

现在不忙了。
Xiànzài bù máng le.

他六岁了。
Tā liù suì le.

한편, 동사 혹은 동사구를 '要'와 '了' 사이에 놓아 어떤 동작이나 상황이 곧 발생하려는 상태임을 표현할 수 있다. '要~了' 바로 앞에 '快'와 '就'를 첨가하여 '快要~了'나 '就要~了'의 형식으로 쓸 수도 있다. 장차 발생하게 될 동작과 상황을 표현하기 때문에 이러한 표현을 임박태(临迫态)라고 한다. 이 때 '要'는 미래를 나타내고, '了'는 변화태의 조사이므로, 미래의 변화 양상을 설명하는 문법적 특징으로 보아 변화태의 일종으로 간주할 수도 있다.

火车五点就要开了。
Huǒchē wǔ diǎn jiù yào kāi le. [객관적 임박]

快要下雨了，咱们进去吧。
Kuàiyào xià yǔ le，zánmen jìnqù ba. [심리적 임박]

快十二点了。
Kuài shí'èr diǎn le.

7. 비교문(1)

비교를 나타내는 문장을 비교문이라고 하는데, 그 표현 방법은 다양한 편이다. 우선 정도부사 '更'이나 '最'를 써서 비교의 정도를 분명히 나타낼 수 있다.

我看他说的办法更好。
Wǒ kàn tā shuō de bànfǎ gèng hǎo.

你最喜欢什么颜色？
Nǐ zuì xǐhuan shénme yánsè?

전치사 '比'를 써서 사람이나 사물의 성질과 특성을 비교할 수 있다.

주어+比+비교의 대상과 기준+비교의 내용(형용사/동사+기타 성분)

你比我大两岁。
Nǐ bǐ wǒ dà liǎng suì.

今天比昨天热一点儿。
Jīntiān bǐ zuótiān rè yīdiǎnr.

他比以前胖多了。
Tā bǐ yǐqián pàngduō le.

연습과 보충

1. 녹음을 듣고 중문(中文)과 병음(拼音)으로 옮겨 봅시다.

①

②

③

④

⑤

⑥

⑦

⑧

⑨

2. 상자 속 표현으로 바꾸어 연습합시다.

你是
- 韩国人吧？
- 日本人吧？
- 英国人吧？
- 法国人吧？
- 加拿大人吧？

你来 [中国 / 美国 / 香港 / 台湾 / 新加坡] 多久了？

我学 [汉语 / 韩国语 / 日语 / 英语 / 俄语] 学了 [两年了。/ 五天了。/ 三个星期了。/ 四个月了。/ 十年了。]

快
- 十二点了。
- 六月了。
- 周末了。
- 一个小时了。
- 二十分钟了。

这个字

读对了。
读错了。
写对了。
写错了。
填对了。
填错了。

3. 다음 대화를 중국어로 표현해 봅시다.

A : 넌 이름이 뭐니?
B : 난 왕펑(王朋)이라고 해.
A : 난 장원(张文)이라고 해. 역사학과 2학년 학생이야. 넌 무슨 학과니?
B : 난 무역학과 1학년이야. 산시(陕西) 시안(西安)에서 왔어. 넌 어느 지방에서 왔니?
A : 난 지앙쑤(江苏) 난징(南京)에서 왔어. 너 우리 대학에 언제 왔어?
B : 작년 9월에 왔어. 너는 베이징(北京)에 온지 얼마나 되었어?
A : 이제 곧·2년이 되어가. 너 지금 어디 살고 있니?
B : 나는 지금 학생 기숙사 5층에 살고 있어.

4. 아래 예문들을 〈보기〉와 같이 바꾸어 표현해 봅시다.

〈보기〉 我们学了三年的汉语。⇒ 我们学汉语学了三年了。

① 同学们学了三个月的太极拳。⇒

② 王朋打了半个小时的乒乓球。⇒

③ 今天刮了一天的风。⇒

④ 张老师在我们学校教了两个学期的英语课。⇒

⑤ 昨晚他睡了六个小时的觉。⇒

5. 다음 단어들을 자습합시다.

太平洋 大西洋 印度洋 北冰洋 南冰洋 亚洲 欧洲 非洲 北美洲 南美洲 大洋洲(澳洲) 南极洲 大韩民国(韩国) 朝鲜(北韩) 中华人民共和国(中国) 台湾 香港 澳门 蒙古 日本 菲律宾 泰国 越南 马来西亚 新加坡 印度尼西亚 缅甸 老挝 印度 英国 法国 德国 俄罗斯 意大利 西班牙 美国 加拿大 墨西哥 巴西 阿根廷 澳大利亚 新西兰 埃及 南非

6. 다음 표현들을 읽고 뜻을 풀이해 봅시다.

① 学 : 我跟着他学了许多知识。

② 解决 : 那个问题还没得到解决。

③ 只 : 他有病的时候只吃中药，不吃西药。

④ 可是 : 看上去不怎么样，可是吃起来挺不错。

⑤ 地道 : 昨天吃的西餐，味道还算地道，就是量太少，没吃饱。

⑥ 千里之行 始于足下

08 多少钱

중점표현

1. 您买什么？
   Nín mǎi shénme?

2. 多少钱一斤？
   Duōshao qián yī jīn?

3. 两块五。
   Liǎng kuài wǔ.

4. 橘子怎么卖？
   Júzi zěnme mài?

5. 还有更大点儿的吗？
   Hái yǒu gèng dà diǎnr de ma?

6. 能便宜点儿吗？
   Néng piányi diǎnr ma?

7. 您试穿一下儿吧。
   Nín shì chuān yīxiàr ba.

회화

1 A：您买什么？
Nín mǎi shénme?

B：买苹果。多少钱一斤？
Mǎi píngguǒ. Duōshao qián yī jīn?

A：八块五。
Bā kuài wǔ.

B：橘子怎么卖？
Júzi zěnme mài?

A：九块一斤，买多少？
Jiǔ kuài yī jīn, mǎi duōshao?

B：我要三斤苹果和两斤橘子。
Wǒ yào sān jīn píngguǒ hé liǎng jīn júzi.

A：还要别的吗？香蕉挺便宜。
Hái yào biéde ma? Xiāngjiāo tǐng piányi.

B：不要了。总共多少钱？
Bù yào le. Zǒnggòng duōshao qián?

A：总共四十三块五。
Zǒnggòng sìshísān kuài wǔ.

B：能便宜点儿吗？
Néng piányi diǎnr ma?

A：那就四十吧。
Nà jiù sìshí ba.

2 A：要点儿什么？
Yào diǎnr shénme?

B：我想随便看看，可以吗？
Wǒ xiǎng suíbiàn kànkan, kěyǐ ma?

A：好的。
Hǎo de.

(···)

B：服务员！
Fúwùyuán!

A：您好！您有什么需要？
Nín hǎo! Nín yǒu shénme xūyào?

B：这种裤子多少钱一条？
Zhè zhǒng kùzi duōshao qián yī tiáo?

A：八百二。
Bābǎi èr.

B：这么贵！
Zhème guì!

A：这种比较便宜，五百块一条。
Zhè zhǒng bǐjiào piányi, wǔbǎi kuài yī tiáo.

B：但是我不太喜欢黑色。
Dànshì wǒ bù tài xǐhuan hēisè.

A：您看这种红色的怎么样？您试穿一下儿吧。
Nín kàn zhè zhǒng hóngsè de zěnmeyàng? Nín shì chuān yīxiàr ba.

(…)

B：颜色还算好，但有点儿小。还有更大点儿的吗？
Yánsè hái suàn hǎo, dàn yǒudiǎnr xiǎo. Hái yǒu gèng dà diǎnr de ma?

A：请稍等。(…) 试试这条吧。
Qǐng shāo děng. (…) Shìshi zhè tiáo ba.

B：大小正合适。
Dàxiǎo zhèng héshì.

A：怎么样？您满意吗？
Zěnmeyàng? Nín mǎnyì ma?

B：很满意。能用信用卡吗？
Hěn mǎnyì. Néng yòng xìnyòngkǎ ma?

A：能用，请去那边买单吧。
Néng yòng, qǐng qù nàbian mǎidān ba.

새낱말

买	mǎi	사다
卖	mài	팔다
买卖	mǎimai	장사
钱	qián	돈
块	kuài	위앤(元)
斤	jīn	근(500g)
橘子	júzi	귤
更	gèng	더욱, 다시
便宜	piányi	싸다, 에누리하다
贵	guì	비싸다
试	shì	시험 삼아 ~해 보다, 시험
穿	chuān	입다, 신다
苹果	píngguǒ	사과
香蕉	xiāngjiāo	바나나
总共	zǒnggòng	모두, 전부, 합쳐서
想	xiǎng	~하고 싶다
随便	suíbiàn	마음대로 하다, 자유롭게
服务员	fúwùyuán	(서비스업의) 종업원
需要	xūyào	~이(가) 꼭 필요하다, 요구, 요청
种	zhǒng	종류

裤子	kùzi	바지
条	tiáo	벌(바지를 세는 양사)
比较	bǐjiào	비교적, 비교하다, ~보다
但(是)	dàn(shì)	다만, 그러나
喜欢	xǐhuan	좋아하다
黑色	hēisè	검은색
红色	hóngsè	빨간색
白色	báisè	흰색
蓝色	lánsè	파란색
黄色	huángsè	노란색
颜色	yánsè	색깔
算	suàn	~한 편에 속하다, ~로 (간주)하다, ~로 여겨지다
有点儿	yǒudiǎnr	약간, 조금
稍	shāo	잠시
等	děng	기다리다, ~등
大小	dàxiǎo	크기
正	zhèng	꼭, 딱, 한창
合适	héshì	알맞다, 적당하다
满意	mǎnyì	만족하다
用	yòng	쓰다, 필요로 하다

信用卡	xìnyòngkǎ	신용카드
现金	xiànjīn	현금
那边	nàbian	저쪽, 그쪽
买单	mǎidān	계산하다
人民币	rénmínbì	중국 인민폐(RMB, CNY)
韩币	hánbì	한국 원화(KRW)
日元	rìyuán	일본 엔화(JPY)
美元	měiyuán	미국 달러화(USD)
欧元	ōuyuán	유럽연합 유로화(EUR)
港币	gǎngbì	홍콩 달러화(HKD)
英镑	yīngbàng	영국 파운드화(GBP)

해설

1. 有点儿

동사나 형용사 앞에서 부사어로 쓰여 정도가 심하지 않거나 미약함을 나타내는 부사로, 대개 여의치 않은 상황을 나타낼 때 쓰인다. '有些'로 쓰기도 한다.

他今天有点儿不高兴。Tā jīntiān yǒudiǎnr bù gāoxìng.
这间房间有点儿热。Zhè jiān fángjiān yǒudiǎnr rè.

2. 가격표현

중국의 현행 화폐는 '人民币[영문 약호는 RMB 혹은 CNY, 부호는 ¥]'라고 하며, 단위는 서면어로 '元-角-分', 구어로 '块-毛-分'이다. 이 책에서는 구어 위주로 표기한다. 단, 최근의 경제 활동에서 '分' 단위는 유명무실하다. 가격을 중국어로 읽는 방법은 다음과 같다.

¥3.65元 = 三元六角五分 = 三块六毛五分

元 yuán 块 kuài	角 jiǎo 毛 máo	分 fēn	
3. ㄴ 일반 정수	6 ㄴ 1부터 9까지	5 ㄴ 1부터 9까지	元

¥0.01元 ⇒ 一分(钱)
¥0.20元 ⇒ 两毛(钱)
¥2.00元 ⇒ 两块(钱)
¥2.20元 ⇒ 两块二 혹은 两块两毛
¥4.00元 ⇒ 四块(钱)

¥12.00元 ⇒ 十二块(钱)
¥25.40元 ⇒ 二十五块四(毛)
¥30.50元 ⇒ 三十块零五毛
¥200.00元 ⇒ 两百块(钱) 혹은 二百块(钱)

'块'와 '毛' 단위에 쓰인 '2'는 '两'으로 읽고, '块'나 '毛'가 단독으로 쓰일 때에는 끝에 '钱'이 올 수 있으며, '块'와 '毛' 단위 사이에 '0'이 올 때에는 '零'을 추가하여 읽는 점에 유의해야 한다.

3. 조동사(助动词)

동사와 형용사 앞에서 능력·가능·소망·허가·추정·당위 등을 나타내는 동사를 조동사 혹은 능원동사(能愿动词)라고 한다. 조동사는 '不'로 조동사만 부정하며, 긍정과 부정을 병렬시킨 선택의문문은 가능하지만 조동사 자체를 중첩시킬 수는 없고, 바로 뒤에 동태조사나 명사가 직접 올 수 없다는 특징이 있다. 중국어의 주요 조동사는 다음과 같다.

1) 能 néng、能够 nénggòu : 사람이나 사물의 근본적 능력, 일반적 가능성, 허가

下雨了，他能来吗？
Xià yǔ le，tā néng lái ma?

这里不能抽烟。
Zhèli bù néng chōuyān.

2) 可以 kěyǐ : 일반적인 능력, 허가, 가치

我们可以帮助你。
Wǒmen kěyǐ bāngzhù nǐ.

现在你们可以走了。
Xiànzài nǐmen kěyǐ zǒu le.

3) 会 huì : 일정한 과정을 통해 습득한 능력, 화자의 추측

哥哥会开汽车。
Gēge huì kāi qìchē.

今天不会下雨。
Jīntiān bù huì xià yǔ.

4) 要 yào : 화자의 의지, 행위 동작의 필요성과 당위성

你要不要去图书馆?
Nǐ yào bù yào qù túshūguǎn?

同学们要注意发音。
Tóngxuémen yào zhùyì fāyīn.

5) 想 xiǎng : 심정적 소망

秀民想学太极拳。
Xiùmín xiǎng xué tàijíquán.

6) 愿意 yuànyì : 희망

你愿意当老师吗?
Nǐ yuànyì dāng lǎoshī ma?

7) 可能 kěnéng : 미래나 과거에 대한 추측

今天这么闷热, 下午可能下雨。
Jīntiān zhème mēnrè, xiàwǔ kěnéng xià yǔ.

8) 应该(该) yīnggāi(gāi)、应当 yīngdāng : 당위

这个问题应该讨论。
Zhège wèntí yīnggāi tǎolùn.

十点了，我该走了。
Shí diǎn le，wǒ gāi zǒu le.

9) 得 děi : 강한 당위

咱们得赶快回去。
Zánmen děi gǎnkuài huíqù.

4. 도량형 단위

현재 중국에서 통용되는 도량형은 전통 단위인 '市制'와 서구에서 유입된 '公制'로 구분되는데, 재래의 경제 활동에서는 여전히 '市制'가 쓰이지만 '公制'를 알아 두는 편이 좋다.

중국의 주요 도량형〔公制〕

길이	mm	毫米(háomǐ)
	cm	厘米(límǐ)
	m	米(mǐ)
	km	公里(gōnglǐ)、千米(qiānmǐ)
무게	g	克(kè)
	kg	公斤(gōngjīn)、千克(qiānkè)
	t	吨(dūn)
넓이	m^2	平方米(píngfāngmǐ)
	km^2	平方公里(píngfānggōnglǐ)、 平方千米(píngfāngqiānmǐ)
부피	m^3	立方米(lìfāngmǐ)
들이	mℓ·cc	毫升(háoshēng)
	ℓ	升(shēng)

※ 一里 = 五百米(500m) / 一斤 = 五百克(500g)

연습과 보충

1. 녹음을 듣고 중문(中文)과 병음(拼音)으로 옮겨 봅시다.

①

②

③

④

⑤

⑥

⑦

⑧

⑨

⑩

⑪

⑫

2. 상자 속 표현으로 바꾸어 연습합시다.

多少钱 一斤？
一个？
一张？
一件？
一公斤？

这种 裤子 多少钱 一条？
钢笔 一支？
杂志 一本？
咖啡 一杯？
皮鞋 一双？

我不太喜欢 蓝色。
喝酒。
吃甜的。
看京剧。
打乒乓球。

还有更 大 点儿的吗？
小
长
短
厚
薄

能	便宜点儿 抽烟 出去 换新的 再来玩儿	吗?

3. 다음 대화를 중국어로 표현합시다.

A : 종업원, 이런 운동화는 한 켤레에 얼마입니까?
B : 1100元입니다.
A : 엄청 비싸네요.
B : 이런 종류는 약간 저렴합니다. 한 켤레에 700元입니다.
A : 신어볼 수 있을까요?
B : 그럼요, 신어보세요.
A : 너무 큰데요. 좀 더 작은 것 있나요?
B : 잠시 만요. 이걸 신어보세요.
A : 크기가 딱 적당하네요. 어디서 계산합니까?
B : 이쪽에서 계산하세요.

4. 다음 가격들을 중국어로 표현해 봅시다.

¥5.60元	¥19.30元	¥8.70元	¥60.40元
¥0.2元	¥2.2元	¥12.2元	¥22.2元
¥200元	¥7,500元	¥860,000元	¥3,000,000元

5. 다음 단어들을 자습합시다.

> 大米 大麦 小麦 玉米 白菜 萝卜 胡萝卜 洋葱 大葱 黄瓜 土豆 地瓜 茄子 南瓜 大豆 豆腐 苹果 橘子 香蕉 葡萄 草莓 桃 梨 西瓜 凤梨 甜瓜(香瓜) 柿子 西红柿 花生 蘑菇 辣椒 大蒜 胡椒 芝麻 香菜 糖 盐 醋 酱油 辣酱 黄酱(豆酱、大酱) 猪肉 牛肉 鸡肉 鸭肉 羊肉 蚝 鱿鱼 螃蟹

6. 다음 표현들을 읽고 뜻을 풀이해 봅시다.

① 更 : ㉠ 刮了一夜北风，天更冷了。㉡ 我本来就不想去，听你这么一说，更不想去了。

② 比较 : 这篇文章写得比较容易。

③ 合适 : 这个字用在这里不合适。

④ 算 : ㉠ 姜太太年纪虽然大了，身体还算健康。㉡ 这不能算是他的错误。

⑤ 满意 : 顾客对他的热诚服务感到很满意。

⑥ 一分钱 一分货

⑦ 便宜没好货 好货不便宜

09 一直往前走

중점표현

1. 请问，你知不知道地铁站在哪儿？
   Qǐngwèn, nǐ zhī bù zhīdào dìtiězhàn zài nǎr?

2. 附近有没有超市？
   Fùjìn yǒu méi yǒu chāoshì?

3. 从那儿往右拐，一直往前走。
   Cóng nàr wǎng yòu guǎi, yīzhí wǎng qián zǒu.

4. 离这儿远不远？
   Lí zhèr yuǎn bù yuǎn?

5. 走十分钟就到。
   Zǒu shí fēnzhōng jiù dào.

6. 到市政府怎么走？
   Dào shìzhèngfǔ zěnme zǒu?

회화

1 A：服务员，请问，这里有洗手间吗？
Fúwùyuán, qǐngwèn, zhèli yǒu xǐshǒujiān ma?

B：在外面。
Zài wàimiàn.

A：怎么走？
Zěnme zǒu?

B：出门后请直走。
Chū mén hòu qǐng zhí zǒu.

2 A：请问，地铁站在哪儿？
Qǐngwèn, dìtiězhàn zài nǎr?

N：对不起，我不太清楚。
Duìbuqǐ, wǒ bù tài qīngchu.

(…)

A：请问，您知不知道地铁站在哪儿？
Qǐngwèn, nín zhī bù zhīdào dìtiězhàn zài nǎr?

B：英雄大厦前面有入口。
Yīngxióng Dàshà qiánmiàn yǒu rùkǒu.

A：怎么走？
Zěnme zǒu?

B：过了马路右转。
guòle mǎlù yòu zhuǎn.

3 A：请问，附近有没有邮局？
Qǐngwèn, fùjìn yǒu méi yǒu yóujú?

B：有。从这儿一直往前走，然后在十字路口往左拐。
Yǒu. Cóng zhèr yīzhí wǎng qián zǒu, ránhòu zài shízì lùkǒu wǎng zuǒ guǎi.

A：离这儿远不远？
Lí zhèr yuǎn bù yuǎn?

B：不太远，走十分钟就到。
Bù tài yuǎn, zǒu shí fēnzhōng jiù dào.

A：谢谢你。
Xièxie nǐ.

B：不用谢。
Bùyòng xiè.

4 A：请问，去历史博物馆坐几路公交？
Qǐngwèn, qù lìshǐ bówùguǎn zuò jǐ lù gōngjiāo?

B：到对面，坐103路。
Dào duìmiàn, zuò yāo líng sān lù.

A：离这儿多远？
Lí zhèr duō yuǎn?

B：只要坐两站路。
Zhǐyào zuò liǎng zhàn lù.

새낱말

知道	zhīdào	알다
地铁	dìtiě	지하철
附近	fùjìn	부근
超(级)市(场)	chāo(jí)shì(chǎng)	슈퍼마켓
那儿	nàr	거기, 저기
这儿	zhèr	여기
往	wǎng	~쪽으로
右	yòu	오른쪽
左	zuǒ	왼쪽
拐	guǎi	(방향을)바꾸다
(一)直	(yī)zhí	똑바로, 계속해서
前	qián	앞
后	hòu	뒤
前面	qiánmiàn	앞쪽
后面	hòumiàn	뒤쪽
离	lí	~에서, ~로부터
远	yuǎn	멀다, (차이가)심하다
近	jìn	가깝다
市	shì	시
政府	zhèngfǔ	정부(청사)
洗手间	xǐshǒujiān	화장실

外面	wàimiàn	바깥쪽
里面	lǐmiàn	안쪽
门	mén	문
对不起	duìbuqǐ	죄송합니다
清楚	qīngchu	알다, 분명하다, 또렷하다
大厦	dàshà	빌딩
入口	rùkǒu	입구
马路	mǎlù	도로
转	zhuǎn	(방향을)바꾸다, 돌다
邮局	yóujú	우체국
然后	ránhòu	그런 다음
十字路口	shízì lùkǒu	사거리
不用	bùyòng	~할 필요 없다
历史博物馆	lìshǐ bówùguǎn	역사박물관
路	lù	길, 노선
公(共)交(通)	gōng(gòng)jiāo(tōng)	시내버스
对面	duìmiàn	반대 편, 맞은 편
只要	zhǐyào	~하기만 하면
英雄大厦	Yīngxióng Dàshà	잉시옹빌딩

해설

1. 쌍음절 동사의 선택의문문

쌍음절 동사(AB)를 긍정과 부정이 병렬된 선택의문문으로 만들 때에는 'AB+不+AB' 형식보다는 'A+不+AB'의 형식이 구어에서 일반적이다. 이는 조동사도 동일하다.

你知不知道邮局在哪儿?
Nǐ zhī bù zhīdào yóujú zài nǎr?

我可不可以进去?
Wǒ kě bù kěyǐ jìnqù?

2. '从'과 '离'

'从'은 특정 범주에서의 출발점을 나타내는 전치사이며, '离'는 공간적 · 시간적 거리의 원근(远近)을 나타내는 전치사이다. 그러므로 '从'은 행위의 출발점과 시작 시각을 나타내는 반면, '离'는 반드시 기준점으로부터 떨어진 거리나 시간을 나타낸다. 기점(起点)과 종점(终点)을 함께 나타낼 때에는 전치사 '从'과 '到'가 호응한다.

从北京到上海需要十三个小时。
Cóng Běijīng dào Shànghǎi xūyào shísān gè xiǎoshí.

离上课还有二十分钟。
Lí shàngkè hái yǒu èrshí fēnzhōng.

3. 존재문[存在句]

존재하는 처소와 사람, 사물을 주제로 삼는 문장이 존재문이다. 존재문은 주로 '在'와 '有'를 쓰며, 간혹 '是'를 쓰기도 한다. 기본 형식은 다음과 같다.

주어[존재하는 사람과 사물]+在+처소사
처소사+有+목적어[존재하는 사람과 사물]
처소사+是+목적어[존재하는 사물]

教室里有两位老师。
Jiàoshì li yǒu liǎng wèi lǎoshī.

张老师在图书馆里。
Zhāng lǎoshī zài túshūguǎn li.

'在'와 '有' 존재문의 차이는 다음과 같다. '在' 존재문의 주제는 존재하는 사람과 사물이다. 반면 '有' 존재문의 주제는 처소사이다. 또한 '有' 존재문의 목적어는 청자가 그 정체를 알 수 없는 비한정적 명사인 데 비하여, '在' 존재문의 주어는 청자가 이미 그 정체를 알고 있는 한정적 명사이다. 위의 두 가지 예문 가운데 '张老师'는 화자와 청자 모두에게 이미 인지된 사람이어서 한정적 성분이며, '两位老师'는 화자조차도 정체를 알 수 없는 비한정적 성분이다. '在' 존재문은 흔히 '不'와 '没' 중 하나를 선택하여 부정하며, '有' 존재문은 항상 '没'로 부정한다. 한편 '是' 존재문은 목적어가 처소사를 공간적 크기에서 포함하는 경우에 쓸 수 있다.

学校门前是北京站。
Xuéxiào ménqián shì Běijīng Zhàn.

4. 방위사

사물 혹은 사람의 방위를 나타내는 명사를 방위사라고 한다. 중국어의 주요 방위사는 다음과 같다.

결합식 종류	~边 biān	~面 miàn	以~ yǐ	之~ zhī	대립식
上 shàng	上边	上面	以上	之上	上下
下 xià	下边	下面	以下	之下	
前 qián	前边	前面	以前	之前	前后
后 hòu	后边	后面	以后	之后	
里 lǐ	里边	里面			内外
外 wài	外边	外面	以外	之外	
内 nèi			以内	之内	
左 zuǒ	左边	左面			左右
右 yòu	右边	右面			
东 dōng	东边	东面			东西
西 xī	西边	西面			
南 nán	南边	南面			南北
北 běi	北边	北面			
中 zhōng				之中	
间 jiān				之间	
旁 páng	旁边				
对 duì		对面			

방위사는 다른 명사의 뒤에서 처소나 시간을 나타낸다. 특히 전치사 '在' 뒤에 처소를 나타내는 명사가 오면 흔히 방위사를 쓰지 않는 반면, 처소를 나타내지 않는 말을 처소사로 바꿀 때에는 반드시 방위사나 지시대사를 뒤에 써야 한다. 명사와 가장 잘 결합하는 방위사는 '里'와 '上'이다.

抽屉里边有很多钱。
Chōuti lǐbian yǒu hěn duō qián.

桌子上(面)的钱包是谁的？
Zhuōzi shàng(miàn) de qiánbāo shì shéi de?

她妹妹在市政府工作。
Tā mèimei zài shìzhèngfǔ gōngzuò.

我们常去张老师那儿学习韩国语。
Wǒmen cháng qù Zhāng lǎoshī nàr xuéxí Hánguóyǔ.

5. 방향보어(方向补语)

동사나 형용사 뒤에서 동작의 진행 방향을 나타내는 성분을 방향보어라고 하며, 기본 형식은 다음과 같다.

술어[동사나 형용사]+방향보어

방향보어는 단순방향보어와 복합방향보어로 나뉜다. '来'와 '去'가 다른 동사 뒤에 단독으로 오면 단순방향보어가 되며, '来'와 '去'가 몇몇 동사와 결합하여 다른 동사 뒤에 오면 복합방향보어가 된다. 이들을 정리하면 아래 표와 같다. 술어 동사 뒤에는 방향보어와 목적어가 모두 올 수 있기 때문에 어순에 주의해야 한다. 방향보어와 처소목적어가 같이 오면, 처소목적어는 '来'와 '去' 바로 앞에 위치해야 한다. 처소목적어 이외의 다른 목적어는 '来'와 '去'의 앞뒤에 모두 올 수 있다.

종 류	단순방향보어 ⇒	来 lái	去 qù	
	의 미	화자로 접근	화자로부터 이탈	
上 shàng	위로의 이동	上来	上去	복
下 xià	아래로의 이동	下来	下去	합
进 jìn	내부로의 이동	进来	进去	⇐ 방
出 chū	외부로의 이동	出来	出去	⇐ 향
回 huí	원점으로의 회귀	回来	回去	보
过 guò	통과	过来	过去	어
起 qǐ	위로의 이동	起来		

王朋刚刚出门去了。Wáng Péng gānggāng chūmén qù le.
张老师突然跑进教室里去了。Zhāng lǎoshī tūrán pǎo jìn jiàoshì li qù le.
拿一本词典来！Ná yī běn cídiǎn lái!

6. 몇몇 방향보어의 특수한 활용

1) 来 : 화자의 추정이나 느낌

看来他身体很好。
Kànlái tā shēntǐ hěn hǎo.

2) 下来 : 특정 상태가 나타난 후 계속 심화

气温继续降下来了。
Qìwēn jìxù jiàng xiàlái le.

3) 下去 : 이미 진행되고 있는 동작이 앞으로도 계속 진행

我看，天气还会热下去。
Wǒ kàn, tiānqì hái huì rè xiàqù.

4) 起来 : 상향 이동, 시작과 계속, 화자의 추정이나 느낌

天气到十月才凉快起来。
Tiānqì dào shí yuè cái liángkuai qǐlái.

他的名字，你想起来了吗？
Tā de míngzi, nǐ xiǎng qǐláile ma?

5) 出来 : 노출, 식별 등

这张报告有一个错字，你看出来了吗？
Zhè zhāng bàogào yǒu yī gè cuòzì, nǐ kàn chūláile ma?

연습과 보충

1. 녹음을 듣고 중문(中文)과 병음(拼音)으로 옮겨 봅시다.

①

②

③

④

⑤

⑥

⑦

⑧

⑨

2. 상자 속 표현으로 바꾸어 연습합시다.

张老师	在	教室里。
药店		商场左边。
汽车站		校门对面。
你的手机		桌子上边。
洗手间		会议室外面。

在十字路口往	右	拐，一直往	前	走。
	左		东	
	右		西	
	左		南	
	右		北	

博物馆	离	这儿	多远？
医院		学校	
机场		饭店	
篮球场		宿舍	
火车站		公安局	

走	十分钟	就到。
	一刻钟	
	三十分钟	
	半个小时	
	两个小时	

3. 다음 대화를 중국어로 표현해 봅시다.

A : 실례지만, 화장실이 어디 있나요?
B : 엘리베이터 옆에 있어요.
A : 어느 쪽인데요?
B : 저 출입문 보이시죠? 출입문 들어가서 좌회전하면 엘리베이터에요.

A : 실례지만, 부근에 매점 있나요?
B : 학생기숙사 1층에 있습니다.
A : 어떻게 가죠?
B : 도서관 입구에서 우회전한 다음 죽 직진하세요.
A : 여기서 얼마나 멀어요?
B : 5분이면 도착합니다.

4. 다음 문장들을 중국어로 표현해 봅시다.

① 교실 안에 아무도 없는데요. ⇒

② 이 부근에는 슈퍼마켓이 없습니다. ⇒

③ ATM기는 저 건물 오른쪽에 있습니다. ⇒

④ 중문과 사무실은 2층에 있어요. ⇒

5. 다음 단어들을 자습합시다.

餐厅 食堂 饭馆 咖啡厅(店) 超(级)市(场) 百货店(百货公司、百货商场、百货商店) 银行 邮局 书店 药店(药房) 电影院 饭店 酒店 宾馆 医院 火车站 机场 公安局 政府 公园 幼儿园 小学 中学 大学 图书馆 宿舍 教室 体育场 体育馆 游泳池(场) 博物馆 动物园 植物园 房子 房间 卧室 客厅 厨房 洗手间 台阶 楼梯 电梯 窗户 门 走廊

6. 다음 표현들을 읽고 뜻을 풀이해 봅시다.

① 知道、清楚 : 我真不知道(清楚)他为什么要这样做。

② 附近 : 他家就在附近，几分钟就可以走到。

③ 往 : 前往深圳的旅客们，请注意！

④ (一)直、等 : 我们(一)直等到深夜了，他始终没来。

⑤ 然后 : 先讨论一下，然后再决定。

⑥ 不用 : 天还很亮，不用开灯。

⑦ 不见不散

10 你喜欢什么季节

중점표현

1. 今天又冷又干燥。
   Jīntiān yòu lěng yòu gānzào.

2. 我牙疼得相当厉害。
   Wǒ yá téng de xiāngdāng lìhai.

3. 请给我看看菜单吧。
   Qǐng gěi wǒ kànkan càidān ba.

4. 他今天早早儿地起来了。
   Tā jīntiān zǎozǎor de qǐlái le.

회화

1 A：你最喜欢什么季节？
Nǐ zuì xǐhuan shénme jìjié?

B：我怕冷，我喜欢春天和夏天，你呢？
Wǒ pà lěng, wǒ xǐhuan chūntiān hé xiàtiān, nǐ ne?

A：夏天经常下雨，我最喜欢秋天。
Xiàtiān jīngcháng xià yǔ, wǒ zuì xǐhuan qiūtiān.

B：没错儿，韩国的秋天特别秋高气爽！
Méi cuòr, Hánguó de qiūtiān tèbié qiūgāo-qìshuǎng!

2 A：你觉得冷不冷？
Nǐ juéde lěng bù lěng?

B：今天又冷又干燥。没想到韩国的冬天这么冷。
Jīntiān yòu lěng yòu gānzào. Méi xiǎngdào Hánguó de dōngtiān zhème lěng.

A：这儿的天气，你还没习惯吧？
Zhèr de tiānqì, nǐ hái méi xíguàn ba?

B：还可以，现在慢慢儿地习惯了。今天最低温度是几度？
Hái kěyǐ, xiànzài mànmànr de xíguàn le. Jīntiān zuìdī wēndù shì jǐ dù?

A：天气预报说，零下10度。听说明天会更冷，你要多穿衣服，小心感冒。
Tiānqì yùbào shuō, língxià shí dù. Tīngshuō míngtiān huì gèng lěng, nǐ yào duō chuān yīfu, xiǎoxīn gǎnmào.

3 A：请坐。你哪儿不舒服？
Qǐng zuò. Nǐ nǎr bù shūfu?

B：我头疼、发烧，特别是嗓子疼得很厉害。
Wǒ tóuténg、fāshāo, tèbié shì sǎngzi téng de hěn lìhai.

A：什么时候开始的？
Shénme shíhou kāishǐ de?

B：昨天中午有点儿不舒服，今早起来后，更厉害了。
Zuótiān zhōngwǔ yǒudiǎnr bù shūfu, jīnzǎo qǐlái hòu, gèng lìhai le.

A：先量量体温吧。38度7。张嘴，啊-。
Xiān liángliang tǐwēn ba. Sānshíbā dù qī. Zhāng zuǐ, ā-.

B：啊-。
Ā-.

A：你嗓子很红。你这是流行性感冒。先给你打一针，再开点儿药。
Nǐ sǎngzi hěn hóng. Nǐ zhè shì liúxíngxìng gǎnmào. Xiān gěi nǐ dǎ yī zhēn, zài kāi diǎnr yào.

B：是西药还是中药？
Shì xīyào háishi zhōngyào?

A：是中药。中药比西药好。这药每天吃两次，早饭后一次，晚饭后一次。要多喝点儿开水，多休息。
Shì zhōngyào. Zhōngyào bǐ xīyào hǎo. Zhè yào měitiān chī liǎng cì, zǎofàn hòu yī cì, wǎnfàn hòu yī cì. Yào duō hē diǎnr kāishuǐ, duō xiūxi.

B：明白了。谢谢！
Míngbai le. Xièxie!

새낱말

又	yòu	또, 다시
冷	lěng	춥다
热	rè	덥다
干燥	gānzào	건조하다
潮湿	cháoshī	축축하다
牙	yá	이
疼	téng	아프다
得	de	(정도보어 앞에 쓰이는 조사)
相当	xiāngdāng	매우
厉害	lìhai	심하다
菜单	càidān	메뉴(판)
早早儿	zǎozǎor	일찌감치
地	de	(부사어 뒤에 쓰이는 조사)
起来	qǐlái	일어나다
最	zuì	가장
季节	jìjié	계절
怕	pà	무서워하다, 아마 ~일 것이다
春天	chūntiān	봄
夏天	xiàtiān	여름
秋天	qiūtiān	가을
冬天	dōngtiān	겨울

经常	jīngcháng	늘, 항상
下雨	xià yǔ	비가 오다
下雪	xià xuě	눈이 오다
错(儿)	cuò(r)	과오, 잘못
秋高气爽	qiūgāo-qìshuǎng	가을 날씨가 맑고 상쾌하다
觉得	juéde	~라고 느끼다, ~라고 생각하다
没想到	méi xiǎngdào	생각지 못하다, 뜻밖이다
天气	tiānqì	날씨
习惯	xíguàn	습관, 습관(버릇)이 되다, 익숙해지다
高	gāo	높다, (키가)크다
低	dī	낮다, 낮추다, 숙이다
矮	ǎi	(키가)작다
温度	wēndù	온도
度	dù	도, 정도
预报	yùbào	예보(하다)
零上	língshàng	영상
零下	língxià	영하
会	huì	~할 줄 알다, ~할 것이다
衣服	yīfu	옷
小心	xiǎoxīn	조심하다
感冒	gǎnmào	감기(에 걸리다)

舒服	shūfu	(육체나 정신이)편안하다
头	tóu	머리, 정점, 첫
发烧	fāshāo	열이 나다
嗓子	sǎngzi	목(구멍), 목소리
开始	kāishǐ	시작하다
结束	jiéshù	끝나다
量	liáng	재다
体温	tǐwēn	체온
张	zhāng	펼치다, 벌리다, 장
嘴	zuǐ	입
眼睛	yǎnjing	눈
耳朵	ěrduo	귀
鼻子	bízi	코
红	hóng	붉다, 주홍색
流行性	liúxíngxìng	유행성
打针	dǎzhēn	주사하다
开药	kāi yào	처방전을 발급하다
西药	xīyào	양약
中药	zhōngyào	한약
还是	háishi	아니면, 아직, 여전히, 아무래도
每天	měitiān	매일
开水	kāishuǐ	끓인 물
休息	xiūxi	휴식(하다)
明白	míngbai	분명하다, 이해하다

해설

1. 你觉得冷不冷？

위 문장은 다음과 같이 구성되어 있다.

你[주어]+觉得[술어:동사]+冷不冷？[목적어]

이처럼 목적어 부분이 의문형이면 전체 문장이 의문문으로 바뀌는 형태를 내포의문문이라고 한다. 이는 매우 특수한 경우에 해당되는 질문 형식이다. 다음 표현도 내포의문문이다.

你准备写什么文章？
Nǐ zhǔnbèi xiě shénme wénzhāng?

2. 又~又~

상태나 성질 혹은 동작이 동시에 존재함을 나타내는 접속사이다.

今天又冷又干燥。
Jīntiān yòu lěng yòu gānzào.

他们又说又笑，高兴极了。
Tāmen yòu shuō yòu xiào，gāoxìng jí le.

3. 还是

접속사 '还是'를 써서 두 가지 이상의 상황을 제시하여 청자로 하여금 그 중 하나를 선택하게 하는 의문문을 만들 수 있다. 이때 문말에 '吗'를 붙이지 않는다. '还是'를 활용한 의문문은 앞서 살펴본 선택의문문의 일종으로 볼 수도 있다.

你去还是他去？
Nǐ qù háishi tā qù?

旅行团明天回来还是后天回来？
Lǚxíngtuán míngtiān huílái háishi hòutiān huílái?

她喜欢苹果还是香蕉？
Tā xǐhuan píngguǒ háishi xiāngjiāo?

4. 동사의 태(态) : 완료태와 변화태

중국어의 동사는 인칭 · 성별 · 시제 · 수 등으로부터 영향을 받지 않으며 단어 형태도 변화하지 않지만, 서로 다른 '상태'에 놓일 수 있다. 이처럼 일정한 시점에서 관찰된 동사의 상태를 태(态)라고 하며, 그 종류는 완료태 · 변화태 · 진행태 · 경험태 · 지속태 · 임박태 등이 있다.
완료태는 동작동사 뒤에 '了'를 쓴다. 부정형식은 '没(有)+동사'이며, 목적어는 '동사(+了)' 뒤에 온다.

今天的作业你已经做完了吗？ – 还没有。: 동작의 완료
Jīntiān de zuòyè nǐ yǐjīng zuòwánle ma? – Hái méiyou.

변화태와 임박태는 문말에 '了'를 쓴다.

天晴了，今天能爬山了。: 상태의 변화
Tiān qíng le, jīntiān néng páshān le.

快要上课了吧？ – 还没有。: 동작이나 상황의 임박
Kuàiyào shàngkè le ba? – Hái méiyou.

5. 정도보어(程度补语)

동사나 형용사의 뒤에서 동작의 결과로 나타난 정도, 동작의 결과로 나타난 상태의 정도를 보충 설명해 주는 보어를 정도보어라고 한다. 정도보어는 행위의 정도, 시간의 정도, 계량의 정도, 습관적 행위의 정도, 상태의 정도 등을 나타낸다. 기본 형식은 다음과 같다.

술어[동사나 형용사]+得[구조조사]+정도보어

정도보어 부분에는 동사, 형용사, 부사, 의문사, 완전한 형태의 주술구조까지 매우 다양한 성분이 올 수 있으며, 만일 정도보어가 쓰인 문장에 목적어가 오면 동사를 반복한 후에 정도보어를 위치시켜야 한다. 이러한 동사의 반복을 피하려면 목적어를 동사 앞으로 전치(前置)시켜야 한다. 그리고 정도보어문을 부정형으로 표현하려면 정도보어 자체를 부정해야 한다.

주어+동사+목적어+동사+得+정도보어
=주어+목적어+동사+得+정도보어

他昨天晚上睡得很晚。
Tā zuótiān wǎnshang shuì de hěn wǎn.

这间屋子窄得一个人也住不下。
Zhè jiān wūzi zhǎi de yī gè rén yě zhù bù xià.

他开车开得快不快? - 他平时开车开得不快。
Tā kāichē kāi de kuài bù kuài? - Tā píngshí kāichē kāi de bù kuài.

王朋说日语说得非常流利。(=王朋日语说得非常流利。)
Wáng Péng shuō Rìyǔ shuō de fēicháng liúlì. (=Wáng Péng Rìyǔ shuō de fēicháng liúlì.)

6. 동사와 형용사의 중첩

상당수의 동사는 중첩할 수 있으며, 동사가 중첩되면 표현이 부드러워지고 동작이 몇 번 반복되거나 짧은 시간 동안 지속됨을 나타낸다. 구체적인 동작을 나타내는 동사 이외에 변화·심리·존재·판단 등을 나타내는 동사는 중첩할 수 없다. 중첩된 동사의 뒤쪽 음절은 경성으로 발음한다.

구분	형식	예시
단음절 동사	AA	听听
쌍음절 동사	ABAB	研究研究
중첩된 동사 사이에 '一'를 쓰는 형식	A一A	坐一坐
중첩된 동사 사이에 '了'를 쓰는 형식	A了A	写了写

동사와 마찬가지로 일부의 형용사 역시 중첩할 수 있다. 중첩된 형용사는 관형어, 술어, 부사어, 보어 등으로 쓰인다. 형용사가 중첩되면 화자의 주관적 판단과 감정이 개입되거나, 형용사의 본래 의미가 양화(量化)되고 형상화(形象化)된다. 다만 동사에 비하여 중첩할 수 있는 형용사의 종류는 그리 많지 않으며, 어떤 형용사를 어떤 형식으로 중첩할 수 있는지에 관한 기준도 습관에 따라 결정되는 수가 많아 모호한 측면이 없지 않다. 동사가 중첩되면 뒤쪽 음절의 발음이 약해지는 것과 달리, 형용사가 중첩되면 뒤쪽 음절의 발음이 도리어 강해지는 경향이 있다. 특히 단음절 형용사를 중첩하면 뒤쪽 음절은 본래 성조와는 상관없이 제1성으로 강하게 발음한다.

구분	형식	예시	비고
단음절 형용사	AA	好好 慢慢	가장 일반적인 형식
	ABB	喜洋洋	단음절 형용사 뒤에 다른 요소가 부가된 형식
쌍음절 형용사	AABB	清清楚楚 整整齐齐	가장 일반적인 형식
	ABAB	雪白雪白	'A'가 비유나 정도를 나타내는 편정식(偏正式) 형용사
		高兴高兴	동사화된 형용사의 중첩식
	A里AB	糊里糊涂	부정적 의미의 중첩식

연습과 보충

1. 녹음을 듣고 중문(中文)과 병음(拼音)으로 옮겨 봅시다.

①

②

③

④

⑤

⑥

⑦

⑧

⑨

2. 상자 속 표현으로 바꾸어 연습합시다.

你最喜欢什么

- 季节？
- 菜？
- 课？
- 运动？
- 游戏？

你觉得

- 冷不冷？
- 热不热？
- 饿不饿？
- 累不累？
- 疼不疼？

今天	又	冷	又	干燥。
李部长		漂亮		能干。
这次考试		简单		容易。
那个房间		明亮		干净。
这里卖的饼干		香		脆。

3. 다음 대화를 중국어로 표현해 봅시다.

A : 너도 덥지?
B : 오늘은 덥기도 하고 축축하기도 하네. 오늘 오후에 또 비 올 거라고 일기예보에서 그러던데.
A : 맞아, 10월이 되어야 시원해질 거라고 사람들이 그러더라고.
B : 중국의 여름이 이렇게 더우리라고는 정말로 생각지도 못했어. 오늘 최고 온도가 몇 도야?
A : 39도야. 내일은 더 덥다고 하니까, 물 많이 마시고, 잘 쉬어야 해.

4. 다음 괄호 중 필요한 곳에 조사 '了'를 넣어 봅시다.

① 同学们明天下午下(　)课参加(　)演讲比赛。

② 快要开会(　)，咱们进去吧。

③ 张老师每天早上六点起(　)床(　)。

④ 今天丽丽又买(　)一双高跟鞋。

⑤ 好是好，就是太贵(　)。

⑥ 我吃过饭才来的，不吃(　)。

⑦ 这本小说你看完(　)吗？- 还没有(　)呢。

⑧ 天气已经暖和起来(　)。

⑨ 她爸爸昨天回国(　)。

⑩ 你先去(　)，我下(　)班就去(　)。

⑪ 他身体比以前好多(　)。

⑫ 这几天我觉得冷极(　)。

5. 다음 단어들을 자습합시다.

晴 阴 多云 暖和 热 凉快 冷 干燥 潮湿 天气 空气 气温 温度 气压 摄氏 华氏 零上 零下 云彩 雨(暴雨、大雨、中雨、小雨、阵雨、毛毛雨) 梅雨(黄梅雨、霉雨) 雪 雷 闪 医生 护士 中医 西医 中药 西药 内科 外科 牙科 眼科 儿科 耳鼻咽喉科 皮肤科 急救室

6. 다음 표현들을 읽고 뜻을 풀이해 봅시다.

① 疼 : ㉠ 脚碰得很疼，不能走路。㉡ 提起那件事来，真叫人头疼。

② 厉害 : 天热得好厉害。

③ 最 : 我国是世界上人口最多的国家。

④ 经常 : 学过的外语要经常复习、经常使用才不会忘记。

⑤ 没想到 : 谁也没想到她会跟王朋结婚。

⑥ 习惯 : 对这里的生活还不习惯。

⑦ 觉得、舒服 : 这双鞋虽然有点儿贵，但穿着觉得很舒服。

⑧ 开始 : 学习外语，开始一定要先打好语音基础。

⑨ 结束 : 代表团结束了对北京的访问。

⑩ 休息 : 夜里休息不好，白天也没精神。

⑪ 不怕慢 只怕站

11 今天我请客

중점표현

1. 这家餐厅你来过吗？
   Zhè jiā cāntīng nǐ láiguo ma?

2. 我不太了解中国美术。
   Wǒ bù tài liǎojiě Zhōngguó měishù.

회화

N：欢迎光临！您几位？
Huānyíng guānglín! Nín jǐ wèi?

A：四位。有位子吧？
Sì wèi. Yǒu wèizi ba?

N：有，里面请。
Yǒu, lǐmiàn qǐng.

(…)

N：请问，现在要点菜吗？
Qǐngwèn，xiànzài yào diǎn cài ma?

A：等会儿再点。
Děng huìr zài diǎn.

N：好的。
Hǎo de.

(…)

A：秀民，这家餐厅你来过没有？
Xiùmín，zhè jiā cāntīng nǐ láiguo méiyou?

B：没有，我第一次来。
Méiyou，wǒ dì-yī cì lái.

A：我已经来过五次了。这里的菜味道真不错。今天我请客，你们不要客气，尽量点吧。
Wǒ yǐjīng láiguo wǔ cì le. Zhèli de cài wèidao zhēn bùcuò. Jīntiān wǒ qǐngkè，nǐmen bùyào kèqi，jǐnliàng diǎn ba.

B：谢谢，但我不太了解中国料理，你点吧。
Xièxie，dàn wǒ bù tài liǎojiě Zhōngguó liàolǐ，nǐ diǎn ba.

C：我也不会点菜。丽丽，你来吧。
Wǒ yě bù huì diǎn cài. Lìli，nǐ lái ba.

A：好。服务员！点菜！
Hǎo. Fúwùyuán! Diǎn cài!

N：您好！您点什么菜？
Nín hǎo! Nín diǎn shénme cài?

A：给我看看菜单吧。(…) 我们要松仁玉米、拍黄瓜、麻婆豆腐……
Gěi wǒ kànkan càidān ba. (…) Wǒmen yào sōngrényùmǐ、pāihuángguā、mápódòufu……

D：我不能吃辣的。服务员，麻婆豆腐辣不辣？
Wǒ bù néng chī là de. Fúwùyuán, mápódòufu là bù là?

N：不太辣，您放心吧。你们要汤吗？
Bù tài là, nín fàngxīn ba. Nǐmen yào tāng ma?

A：不要了。我点了三道素菜，你们点肉吧。
Bù yào le. Wǒ diǎnle sān dào sùcài, nǐmen diǎn ròu ba.

B：那么我选鱼香肉丝。
Nàme wǒ xuǎn yúxiāngròusī.

D：我要回锅肉。
Wǒ yào huíguōròu.

N：主食要什么？
Zhǔshí yào shénme?

A：有什么主食？
Yǒu shénme zhǔshí?

N：有米饭、炒饭、饺子、馒头等。
Yǒu mǐfàn、chǎofàn、jiǎozi、mántou děng.

D：我要扬州炒饭。
Wǒ yào yángzhōuchǎofàn

C：服务员，这里有炸馒头吗？
Fúwùyuán，zhèli yǒu zhámántou ma?

N：有。您要吗？
Yǒu. Nín yào ma?

C：要一份。
Yào yī fèn.

D：服务员，再加一份拔丝地瓜吧。
Fúwùyuán，zài jiā yī fèn básīdìguā ba.

B：太多了吧？
Tài duō le ba?

D：没问题，我早就饿了。
Méi wèntí，wǒ zǎo jiù è le.

N：请您确认一下，你们点了松仁玉米、拍黄瓜、麻婆豆腐、鱼香肉丝、回锅肉，还有扬州炒饭、炸馒头、拔丝地瓜，对吗？
Qǐng nín quèrèn yīxià，nǐmen diǎnle sōngrényùmǐ、pāihuángguā、mápódòufu、yúxiāngròusī、huíguōròu，hái yǒu yángzhōuchǎofàn、zhámántou、básīdìguā，duì ma?

A：对。
Duì.

N：你们需要饮料吗？
Nǐmen xūyào yǐnliào ma?

D：服务员，茶水免费吧？
Fúwùyuán，cháshuǐ miǎnfèi ba?

N：对，免费送的。
Duì，miǎnfèi sòng de.

D：我喝茶水。你们喝啤酒，怎么样？
Wǒ hē cháshuǐ. Nǐmen hē píjiǔ，zěnmeyàng?

C：好，我想喝青岛啤酒。
Hǎo，wǒ xiǎng hē Qīngdǎopíjiǔ.

B：我要可乐。
Wǒ yào kělè.

A：服务员，先上两瓶青岛啤酒和一罐可口可乐吧。啊，所有的菜里都不要放香菜。
Fúwùyuán，xiān shàng liǎng píng Qīngdǎopíjiǔ hé yī guàn Kěkǒukělè ba. À，suǒyǒu de cài li dōu bùyào fàng xiāngcài.

N：好的，马上来。
Hǎo de，mǎshàng lái.

(…)

N：这是拍黄瓜、松仁玉米、麻婆豆腐。请慢用！
Zhè shì pāihuángguā、sōngrényùmǐ、mápódòufu. Qǐng màn yòng!

A：谢谢！咱们先干一杯吧！
Xièxie! Zánmen xiān gān yī bēi ba!

C：好！为了我们的友谊，干杯！
Hǎo! Wèile wǒmen de yǒuyì, gānbēi!

(…)

B：你看，我们点得太多了吧？剩下的菜怎么办？
Nǐ kàn, wǒmen diǎn de tài duō le ba? Shèngxià de cài zěnme bàn?

A：不用勉强吃。服务员！
Bùyòng miǎnqiǎng chī. Fúwùyuán!

N：您好！您有什么需要？
Nín hǎo! Nín yǒu shénme xūyào?

A：麻烦你，这个和这个打包一下吧。
Máfan nǐ, zhège hé zhège dǎbāo yīxià ba.

N：好的。
Hǎo de.

(…)

A：你们都吃完了吗？
Nǐmen dōu chīwánle ma?

C：差不多了。
Chàbuduō le.

D：我们都吃饱了。
Wǒmen dōu chībǎo le.

B： 谢谢你的招待。
Xièxie nǐ de zhāodài.

A：别客气！服务员，买单！
Bié kèqi! Fúwùyuán，mǎidān!

N：总共一百五十八块。
Zǒnggòng yībǎi wǔshíbā kuài.

A：给你一百六十块，不用找了。
Gěi nǐ yībǎi liùshí kuài，bùyòng zhǎo le.

N：谢谢！请慢走！
Xièxie! Qǐng mànzǒu!

새낱말

餐厅	cāntīng	식당
了解	liǎojiě	(자세히 잘) 알다, 알아 보다, 이해
美术	měishù	미술
欢迎光临	huānyíng guānglín	어서 오십시오
位子	wèizi	자리
菜	cài	채소, 부식, 요리
会儿	huìr [혹은 huǐr]	잠시, 잠깐
已经	yǐjīng	이미, 벌써
味道	wèidao	맛
请客	qǐngkè	(주로 식사 등으로) 손님 대접하다, 한턱내다
不要	bùyào	~하지 마라
尽量	jǐnliàng	마음껏
料理	liàolǐ	요리
辣	là	맵다
甜	tián	달다
咸	xián	짜다
苦	kǔ	쓰다
酸	suān	시다
放心	fàngxīn	안심하다
汤	tāng	국

道	dào	(음식이나 문을 세는 양사)
素菜	sùcài	채소
肉	ròu	고기
选	xuǎn	고르다
主食	zhǔshí	주식
份	fèn	분량, 부(신문을 세는 양사)
加	jiā	더하다, 증가하다
饿	è	배고프다
饱	bǎo	배부르다
确认	quèrèn	확인하다
饮料	yǐnliào	음료수
免费	miǎnfèi	무료, 공짜
送	sòng	주다, 전송하다
接	jiē	(전화를)받다, 영접하다
啤酒	píjiǔ	맥주
瓶	píng	병
罐	guàn	깡통
所有	suǒyǒu	모든
都	dōu	모두
放	fàng	넣다, 놓다, 풀어헤치다, 보내다

香菜	xiāngcài	고수
马上	mǎshàng	바로, 즉시
干杯	gānbēi	건배하다
为了	wèile	~을(를) 위하여
友谊	yǒuyì	우정
剩下	shèngxià	남다, 남기다
办	bàn	처리하다, 경영하다
勉强	miǎnqiǎng	억지로, 간신히, 내키지 않다
麻烦	máfan	귀찮다, 부담을 주다
打包	dǎbāo	포장하다
差不多	chàbuduō	차이가 없다, 그럭저럭 되다, 보통의, 거의
招待	zhāodài	초대하다, 접대하다
找	zhǎo	찾다, 거슬러주다
慢走	mànzǒu	살펴 가세요
米饭	mǐfàn	공기밥
炒饭	chǎofàn	볶음밥
饺子	jiǎozi	만두
馒头	mántou	(소가 없는 맨)찐빵
松仁玉米	sōngrényùmǐ	옥수수잣볶음

拍黄瓜	pāihuángguā	오이무침
麻婆豆腐	mápódòufu	마파두부
鱼香肉丝	yúxiāngròusī	어향제육볶음
回锅肉	huíguōròu	삼겹살볶음
扬州炒饭	yángzhōuchǎofàn	양조우식볶음밥
炸馒头	zhámántou	찐빵튀김
拔丝地瓜	básīdìguā	고구마맛탕
青岛啤酒	Qīngdǎopíjiǔ	칭따오맥주
可口可乐	Kěkǒukělè	코카콜라

해설

1. 为了

목적을 나타내는 전치사로, 목적어를 대동하고 주어 앞뒤에 모두 올 수 있다.

为了韩中两国的未来，请各位干杯！
Wèile Hán Zhōng liǎng guó de wèilái, qǐng gè wèi gānbēi!

2. 不用

조동사 '要'나 '得'로 당위를 나타낼 때, 그 부정형은 '不用'을 쓴다. '不用' 대신 '不必'를 쓸 수 있으며, 구어에서는 합음형(合音形) '甭'을 쓰기도 한다.

去动物园得换车吗？ – 不用换车。
Qù dòngwùyuán děi huàn chē ma? – Bùyòng huàn chē.

3. 동사의 태 : 경험태(经验态)

과거의 경험을 나타내는 시태를 경험태라고 하며, 동사나 형용사 뒤에 조사 '过'를 쓴다. 부정형식은 '没(有)+동사+过'이며, 목적어는 '동사+过' 뒤에 온다.

你去过上海吗？ ⇒ 去过。/ 没(有)去过。
Nǐ qùguo Shànghǎi ma? ⇒ Qùguo. / Méi(you) qùguo.

广州从来没有这么冷过。
Guǎngzhōu cónglái méiyou zhème lěngguo.

4. 동사의 태 : 지속태(持续态)

하나의 동작이 끝난 후 그 동작의 결과로 나타난 상태가 지속되고 있음을 나타내는 시태를 지속태라고 하며, 동사나 형용사 뒤에 조사 '着'를 쓴다. 부정형식은 '没(有)+동사+着'이며, 목적어는 '동사+着' 뒤에 온다.

校门开着吗？ ⇒ 开着。/ 没(有)开着。
Xiàomén kāizhe ma? ⇒ Kāizhe. / Méi(you) kāizhe.

지속태문에 쓸 수 있는 동사의 수는 그리 많지 않고 존재 · 자세 · 방식 · 상태를 나타내는 동사가 지속태문에 쓰인다.

墙上挂着王朋画的画儿。
Qiáng shàng guàzhe Wáng Péng huà de huàr.

또한 연동문(连动文)에서 첫 번째 동사 뒤에 '着'를 붙여, 수반되는 동작이나 방식, 상태를 표현한다. 이 경우 지속태 다음에 나오는 동사의 동작 행위가 진행되는 동안, 지속 상태가 끊임없이 유지되어야 한다.

他总是躺着看报。
Tā zǒngshì tǎngzhe kàn bào.

연습과 보충

1. 다음 문장들을 중국어로 표현해 봅시다.

① 내가 오늘 살 테니까 같이 저녁 먹으러 가자. ⇒

② 조금 있다가 주문하겠습니다. ⇒

③ 난 한국 음식에 대해서 잘 모르니까 네가 주문해라. ⇒

④ 종업원, 김치 좀 더 주세요. ⇒

⑤ 주문한 음식에 고수 넣지 마세요. ⇒

⑥ 이것 좀 데워 주세요. ⇒

2. 다음 음식명을 자습합시다.

鱼香肉丝 京酱肉丝 红烧肉 回锅肉 锅包肉 东坡肘子 糖醋里脊 铁板黑椒牛肉 烤羊排骨 火锅 北京烤鸭 宫保鸡丁 辣子鸡 大盘鸡 水煮鱼 清炒虾仁 麻婆豆腐 家常豆腐 松仁玉米 杂菜煲 红烧茄子 地三鲜 三鲜锅巴 酸辣土豆丝 拔丝地瓜 西红柿炒鸡蛋 拍黄瓜 扬州炒饭 米饭 饺子 炸馒头 包子 拉面 牛肉面 酸辣面 炸酱面 方便面 葱油饼 南瓜饼 春卷 点心 汤圆 粽子 月饼 油条 豆浆 泡菜 烤肉 大酱汤 辣面 冷面 拌饭 面包 汉堡包 蛋挞 蛋糕 薯条 巧克力 冰激凌 茶 咖啡 可乐 汽水 牛奶 啤酒 白酒 烧酒

※ 심형철, 『신나는 중국여행을 위한 맛있는 중국음식 100』, 도서출판 Notebook, 2005년.

3. 다음 표현들을 읽고 뜻을 풀이해 봅시다.

① 了解 : ㉠ 我跟他认识不久，对他还不太了解。㉡ 到中国各地去旅游，可以加深对中国的了解。

② 已经、差不多 : ㉠ 所有的任务都已经完成了。㉡ 已经差不多六点了，他怎么还不来呢？

③ 放 : ㉠ 菜里再不要放酱油。㉡ 不要随便乱放自行车。㉢ 你的相机怎么放在我的桌子上了？

④ 马上 : 快进去吧，电影马上就要开演了。

⑤ 办 : 我明天去中国大使馆办签证。

⑥ 勉强 : 不要勉强他了，他要怎么样就怎么样吧。

⑦ 四川人不怕辣，贵州人辣不怕，湖南人怕不辣。

⑧ 东辣西酸南甜北咸

⑨ 民以食为天

12 请王朋接电话

중점표현

1. 喂，您好！
Wèi, nǐn hǎo!

2. 请张主席接电话。
Qǐng Zhāng zhǔxí jiē diànhuà.

3. 我没有时间去看演唱会。
Wǒ méiyou shíjiān qù kàn yǎnchànghuì.

4. 明天请他给我回个电话吧。
Míngtiān qǐng tā gěi wǒ huí gè diànhuà ba.

5. 您要不要给他留言？
Nín yào bù yào gěi tā liúyán?

6. 您打错了。
Nín dǎcuò le.

회화

1 A：喂，您好！外事处！
Wèi, nín hǎo! Wàishìchù!

B：喂，您好！张老师在吗？
Wèi, nín hǎo! Zhāng lǎoshī zài ma?

A：我就是。谁呀？
Wǒ jiùshì. Shéi ya?

B：老师好，我是金秀民。
Lǎoshī hǎo, wǒ shì Jīn Xiùmín.

A：啊，秀民，好久不见。最近怎么样？
À, Xiùmín, hǎojiǔ bù jiàn. Zuìjìn zěnmeyàng?

B：还好。我有一件事情想跟您商量，今天下午去找您，可以吗？
Hái hǎo. Wǒ yǒu yī jiàn shìqing xiǎng gēn nín shāngliang, jīntiān xiàwǔ qù zhǎo nín, kěyǐ ma?

A：没问题，什么时候都可以。
Méi wèntí, shénme shíhou dōu kěyǐ.

2 A：喂，您好！东方航空！
Wèi, nín hǎo! Dōngfāng Hángkōng!

B：喂，您好，请赵经理接电话。
Wèi，nín hǎo，qǐng Zhào jīnglǐ jiē diànhuà.

A：他已经下班了。您要不要给他留言？要不然，您可以给他打手机。
Tā yǐjīng xiàbān le. Nín yào bù yào gěi tā liúyán? Yàobùrán，nín kěyǐ gěi tā dǎ shǒujī.

B：不用了。我是他的韩国朋友金秀民，明天请他给我回个电话，好吗？
Bùyòng le. Wǒ shì tā de Hánguó péngyou Jīn Xiùmín，míngtiān qǐng tā gěi wǒ huí gè diànhuà，hǎo ma?

A：好，明天我告诉他。
Hǎo，míngtiān wǒ gàosu tā.

3 A：喂，您好！
Wèi，nín hǎo!

B：喂，您好，宋主任在吗？
Wèi，nín hǎo，Sòng zhǔrèn zài ma?

A：您找谁？
Nín zhǎo shéi?

B：我找宋主任。
Wǒ zhǎo Sòng zhǔrèn.

A：我们这里没有宋主任哪！
Wǒmen zhèli méiyou Sòng zhǔrèn na!

B：你们那儿不是63889966吗？
Nǐmen nàr bù shì liù sān bā bā jiǔ jiǔ liù liù ma?

A：我们这里是63889696。
Wǒmen zhèli shì liù sān bā bā jiǔ liù jiǔ liù.

B：哦，又打错了。真不好意思。
Ò, yòu dǎcuò le. Zhēn bù hǎoyìsi.

새낱말

喂	wèi	여보세요, 어이
主席	zhǔxí	주석, 좌장
打	dǎ	(전화를)걸다, (동작을)하다
电话	diànhuà	전화
时间	shíjiān	시간
演唱会	yǎnchànghuì	콘서트
留言	liúyán	메모, 전언
外事处	wàishìchù	외사처
呀	ya	(감탄이나 감정을 나타내는 조사)
件	jiàn	(일이나 의복을 세는 양사)
事情	shìqing	일, 사건
跟	gēn	~와(과), ~에게, 따라가다
商量	shāngliang	상의하다
经理	jīnglǐ	지배인, 사장
要不然	yàobùrán	그렇지 않으면, 아니면
主任	zhǔrèn	주임
哪	na	(감탄이나 감정을 나타내는 조사)
哦	ò	(이해나 깨달음을 나타내는 감탄사)
赵	Zhào	자오(성씨)
宋	Sòng	쏭(성씨)
东方航空	Dōngfāng Hángkōng	동방항공

해설

1. '又'와 '再'

두 단어 모두 동작의 중복을 나타내는 부사이지만, '又'는 과거 행위의 중복 발생을, '再'는 미래 행위의 중복 발생을 나타낸다. 한편 '又'는 보충이나 첨가를 나타내기도 한다.

过两三天再谈吧。Guò liǎng sān tiān zài tán ba.
今天他又来了。Jīntiān tā yòu lái le.
昨天很热，又没有风。Zuótiān hěn rè，yòu méiyou fēng.

2. 어조조사 '啊、呀、哇、哪'

감탄문의 끝에는 대개 '啊'가 오지만, 바로 앞 음절의 마지막 음이 'i'나 'ü'이면 '呀'로, 'u'나 'ao'이면 '哇'로, 'n'이면 '哪'로 바꿔 쓴다.

对呀！ Duì ya！
好哇！ Hǎo wa！
天哪！ Tiān na！

3. 연동문(连动文)

둘 이상의 동사 혹은 동사구로 이루어진 표현을 연동문이라고 한다. 연동문의 동사 술어는 하나의 주어를 서술하거나 묘사한다. 이 때 동사 술어의 순서는 바뀌지 않는다. 둘 이상의 동사 술어들은 제1동사와 제2동사의 동작 발생순서, 제2동사의 목적, 제2동사의 진행 방식 등을 나타낸다. 연동문을 부정할 때는 제1동사 앞에 '不'나 '没(有)'가 와야 하며, 부사어는 일반적으로 제1동사 앞에 온다.

王朋下星期要坐船回国。
Wáng Péng xiàxīngqī yào zuò chuán huí guó.

我们每天七点起床锻炼身体。
Wǒmen měitiān qī diǎn qǐchuáng duànliàn shēntǐ.

他前天去医院看过病。
Tā qiántiān qù yīyuàn kànguo bìng.

4. 구조조사(構造助词) '的、地、得'

앞뒤의 문법적 구조를 제시해 주는 조사를 구조조사라고 한다. 이제까지 나온 '的、地、得'는 모두 [de]로 발음한다.

'的'는 관형어와 중심어 사이에 쓰여 소유와 수식, 소속 관계를 나타낸다.

旧的皮包 jiù de píbāo
她们的老师 tāmen de lǎoshī
去的时候 qù de shíhou

'地'는 다른 말의 뒤에 와서 그 말을 부사어로 만든다.

慢慢儿地习惯 mànmànr de xíguàn
热烈地欢迎 rèliè de huānyíng

'得'는 오로지 동사나 형용사 술어 뒤, 정도보어와 가능보어 앞에만 쓰인다.

来得早 lái de zǎo
好得很 hǎo de hěn
看得见 kàn de jiàn

연습과 보충

1. 녹음을 듣고 중문(中文)과 병음(拼音)으로 옮겨 봅시다.

①

②

③

④

⑤

⑥

⑦

⑧

⑨

⑩

2. 다음 대화를 중국어로 표현해 봅시다.

A : 여보세요!
B : 여보세요! 왕펑(王朋) 있습니까?
A : 누구 찾으세요?
B : 왕펑 찾는데요.
A : 여기 왕펑이란 사람 없는데요. 잘못 거셨는데요.
B : 아이쿠, 또 잘못 걸었네, 죄송합니다.
(…)
C : 여보세요!
B : 여보세요! 왕펑 있습니까?
C : 잠시만요. (…) 샤오왕(小王), 너 전화 왔어!
D : 여보세요, 왕펑입니다.
B : 왕펑, 나 김수민이야.
D : 어, 수민아, 오랜만이다. 요즘 어떻게 지내?
B : 잘 지내고 있어. 내일 너랑 의논할 일이 있는데, 너 언제 학교 나오니?
D : 나 내일 오전 10시에 수업 있어. 12시에 수업 끝나고 나서 같이 점심 먹을까?
B : 그래, 그럼 내일 12시에 학생식당에서 보자.
D : 그래, 내일 보자!

3. 다음 괄호 중 필요한 곳에 '又、再' 중 적절한 것을 선택하여 넣어 봅시다.

① 今天上午他去市区了，下午(　　)去了。
② 有机会，你(　　)来！
③ 我昨天看了电影，(　　)买了一些衣服，花了不少钱。
④ 她高到(　　)不能高了。
⑤ 明天(　　)是星期六了。
⑥ 时间还早，(　　)坐会儿。
⑦ 我还不懂，请老师(　　)讲一遍。

⑧ 我找过一遍，他(　　)找了一遍，还是没找着。

⑨ 外边很冷，(　　)穿上一件大衣吧。

⑩ 天已经黑了，(　　)下着雨，你就别出去了。

4. 다음 괄호 중 필요한 곳에 '的、地、得' 중 적절한 것을 선택하여 넣어 봅시다.

① 我牙疼(　　)相当厉害。

② 今天放假，咱们痛痛快快(　　)玩儿一天吧！

③ 那篇课文容易(　　)多了。

④ 他听我这么一说，就生气(　　)走了。

⑤ 这是谁(　　)书包?

⑥ 那家人急急忙忙(　　)跑出去了。

⑦ 这里卖(　　)菜好吃(　　)极了。

⑧ 李经理是上个月去世(　　)。

⑨ 老师很关心(　　)问："你最近怎么样？"

⑩ 今天天气冷(　　)很。

⑪ 企业(　　)各个方面都发展(　　)很迅速。

⑫ 这个东西不重，我一个人拿(　　)动。

⑬ 每个人都认真(　　)学习。

⑭ 你忙你(　　)，不必管他。

13 去西安旅游

중점표현

1. 他不来了，因为家里有事。
Tā bù lái le, yīnwei jiā li yǒu shì.

2. 到那儿需要多长时间？
Dào nàr xūyào duō cháng shíjiān?

회화

1 A：你这次国庆节有什么打算？
Nǐ zhè cì Guóqìng Jié yǒu shémme dǎsuan?

B：我们公司放七天假，我打算趁这次假期去西安旅游。
Wǒmen gōngsī fàng qī tiān jià, wǒ dǎsuan chèn zhè cì jiàqī qù Xī'ān lǚyóu.

A：那你要事先订票，因为那儿连平时都有很多游客，更别提假期了。
Nà nǐ yào shìxiān dìng piào，yīnwei nàr lián píngshí dōu yǒu hěn duō yóukè，gèng biétí jiàqī le.

B：你怎么知道？
Nǐ zěnme zhīdào？

A：我是在西安出生的。
Wǒ shì zài Xī'ān chūshēng de.

B：怪不得，原来你是西安人！听说西安的旧称是长安，对吗？
Guàibude，yuánlái nǐ shì Xī'ānrén！Tīngshuō Xī'ān de jiùchēng shì Cháng'ān，duì ma？

A：对，西安是历史悠久的古都，而且是汉唐时代的首都。西安有华山等景点，还有兵马俑、秦始皇陵等许多名胜古迹。
Duì，Xī'ān shì lìshǐ yōujiǔ de gǔdū，érqiě shì Hàn Táng shídài de shǒudū. Xī'ān yǒu Huàshān děng jǐngdiǎn，hái yǒu Bīngmǎyǒng、Qínshǐhuáng Líng děng xǔduō míngshèng-gǔjì.

B：哇，好期待呀！
Wā，hǎo qīdài ya！

2 A：师傅，麻烦您，我的行李太多，请打开后车箱吧！
Shīfu，máfan nín，wǒ de xíngli tài duō，qǐng dǎkāi hòuchēxiāng ba！

B：好的。(…) 到哪儿？
Hǎo de. (…) Dào nǎr?

A：到延安路的吉祥酒店。
Dào Yán'ān Lù de Jíxiáng Jiǔdiàn.

B：吉祥酒店，好！
Jíxiáng Jiǔdiàn, hǎo!

A：师傅，到那儿要多长时间？
Shīfu, dào nàr yào duō cháng shíjiān?

B：不堵车的话，大概需要二十分钟左右。
Bù dǔchē de huà, dàgài xūyào èrshí fēnzhōng zuǒyòu.

(…)

B：您看，左边就是吉祥酒店。在哪儿下？
Nín kàn, zuǒbian jiùshì Jíxiáng Jiǔdiàn. Zài nǎr xià?

A：掉头然后停车吧。(…) 多少钱？
Diàotóu ránhòu tíngchē ba. (…) Duōshao qián?

B：二十八块。
Èrshíbā kuài.

A：给您三十，不用找了。
Gěi nín sānshí, bùyòng zhǎo le.

B：谢谢！给您发票。请慢走！
Xièxie! Gěi nín fāpiào. Qǐng mànzǒu!

새낱말

因为	yīnwei	~이기 때문에
公司	gōngsī	회사
放假	fàngjià	휴가로 쉬다, 방학하다
趁	chèn	(~하는 기회를)이용하여
假期	jiàqī	휴가기간, 방학기간
旅游	lǚyóu	여행하다
事先	shìxiān	미리
订	dìng	예약하다, 예매하다
票	piào	표
连	lián	심지어 ~조차도
平时	píngshí	평소, 평상시
别提	biétí	~은(는) 말할 것도 없다
出生	chūshēng	출생하다
怪不得	guàibude	어쩐지
原来	yuánlái	원래, 알고 보니
旧称	jiùchēng	옛 이름
历史	lìshǐ	역사
悠久	yōujiǔ	유구하다
古都	gǔdū	고대의 도성
而且	érqiě	게다가, 더구나
时代	shídài	시대

首都	shǒudū	수도
景点	jǐngdiǎn	명승지
名胜古迹	míngshèng-gǔjì	명승고적
期待	qīdài	기대하다
师傅	shīfu	사부(학문의 스승이나 기예의 숙련공을 부르는 호칭)
行李	xíngli	(여행 혹은 개인의)짐
打开	dǎkāi	열다
车箱	chēxiāng	(차량의)트렁크
堵车	dǔchē	차가 막히다
的话	dehuà	~(이)라면
大概	dàgài	대개는, 아마도, 개략, 대요
左右	zuǒyòu	대략, 정도, 쯤
左边	zuǒbian	왼쪽
右边	yòubian	오른쪽
掉头	diàotóu	U턴하다
停车	tíngchē	정차하다
发票	fāpiào	영수증
国庆节	Guóqìng Jié	중화인민공화국 건국기념일
西安	Xī'ān	시안
长安	Cháng'ān	창안

汉	Hàn	한 왕조
唐	Táng	당 왕조
华山	Huà Shān	화산
兵马俑	Bīngmǎyǒng	병마용
秦始皇陵	Qínshǐhuáng Líng	진시황릉
延安路	Yán'ān Lù	얜안로
吉祥酒店	Jíxiáng Jiǔdiàn	지시앙호텔

해설

1. 趁(着)

적절한 조건이나 시간에 발생하는 행위를 나타내는 전치사이다.

趁热吃吧！
Chèn rè chī ba！

趁着星期天有时间，咱们整理整理房间吧！
Chènzhe xīngqītiān yǒu shíjiān，zánmen zhěnglǐ zhěnglǐ fánjiān ba！

2. 因为

본래 '因为~，所以~。'의 형식으로 원인과 결과를 나타내는 전치사이지만, 일상 대화에서는 둘 중 하나가 생략될 수 있으며, '因为'는 뒤에 올 수도 있다.

王朋进步挺快，因为他学习非常努力。
Wáng Péng jìnbù tǐng kuài，yīnwei tā xuéxí fēicháng nǔlì.

3. 连~都(也)

'심지어 ~조차도'의 뜻을 나타낸다.

王朋连一句法语都不会说。
Wáng Péng lián yī jù Fǎyǔ dōu bù huì shuō.

4. 而且

술어를 연결하여 진일보한 상태를 나타내는 접속사이다. 앞에 '不但'이나 '不仅'이 올 수 있다.

这几天不断地下雨，而且很闷热。
Zhè jǐ tiān bùduàn de xià yǔ，érqiě hěn mēnrè.

5. ~的话

접속사 '如果'를 써서 가정을 나타낼 때, 뒤에 '~的话'가 올 수 있으며 '如果'를 생략할 수도 있다.

(如果)大家都同意的话，我今年当会长。
(Rúguǒ) Dàjiā dōu tóngyì dehuà，wǒ jīnnián dāng huìzhǎng.

6. 동목이합동사(动目离合动词)

'见面'은 하나의 단어처럼 보이지만 실제로는 '见[동사]'과 '面[목적어]'이 합쳐진 형태이기 때문에 '见'과 '面' 사이에 당연히 다른 성분이 올 수 있다. 이처럼 '동사+목적어'의 형식으로 되어 있으며, 다른 성분의 개입 여부에 따라 분리와 병합이 자유로운 동사를 동목이합동사라고 한다. 여기서 말하는 다른 성분은 동태조사, 의문사, 양사, 보어, 관형어 등 매우 다양한데, 이들이 목적어의 뒤가 아닌, 동사와 목적어의 사이로 오는 점에 특히 유의해야 한다.

孙老师，您今天上什么课？ – 上语文课。
Sūn lǎoshī，nín jīntiān shàng shénme kè？ – Shàng yǔwén kè.

我们公司放七天假。
Wǒmen gōngsī fàng qī tiān jià.

7. 동량보어와 수량보어

몇몇 보어는 술어 동사나 형용사 뒤에서 동작 발생의 횟수, 사람이나 사물과 관련된 수량을 나타낼 수 있다. 이런 보어들을 각각 동량보어와 수량보어라고 한다.

颐和园你去过几次了？– 已经去过好几次了。
Yíhéyuán nǐ qùguo jǐ cì le? – Yǐjīng qùguo hǎo jǐ cì le.

他比我高十厘米。
Tā bǐ wǒ gāo shí límǐ.

今天好像比昨天热几度。
Jīntiān hǎoxiàng bǐ zuótiān rè jǐ dù.

동량보어와 목적어의 위치는, 목적어가 사물일 때 그 목적어는 동량보어의 뒤에 오고, 목적어가 대사일 때 그 목적어는 동량보어의 앞에 온다. 또한 목적어가 사람을 나타내는 말이거나 지명이면 그 목적어는 동량보어의 앞뒤에 모두 올 수 있다.

请问，我可以借一下这本书吗？
Qǐngwèn，wǒ kěyǐ jiè yīxià zhè běn shū ma?

我找了他两回，可是他都不在。
Wǒ zhǎole tā liǎng huí，kěshì tā dōu bùzài.

연습과 보충

1. 녹음을 듣고 중문(中文)과 병음(拼音)으로 옮겨 봅시다.

①

②

③

④

⑤

⑥

⑦

2. 상자 속 표현으로 바꾸어 연습합시다.

大概需要	二十分钟左右。 八个小时上下。 三四天。 一个星期到十天。 两个月左右。

他不来了，	因为	家里有事。
你不如早点出发，		高峰时间会堵车。
我早就饿了，		我连午饭也还没吃。
老王很会踢足球，		他已经踢了二十年了。
刘主任明天不能参加，		他要接公司的外宾。

3. 다음 대화를 중국어로 표현해 봅시다.

A : 수민아, 금방 겨울방학인데 한국에 돌아가니?
B : 응, 이번 겨울에 한국 돌아가서 스키 타려고 해.
A : 스키? 어디 가서 타는데?
B : 설악산(雪岳山)에 가려고 해. 거긴 스키장도 많고 게다가 인근에 유명한 온천도 있거든.
A : 그래? 얼마나 멀어?
B : 서울에서 그다지 멀지 않아. 대략 서 너 시간 정도 걸려.

4. 다음 단어들을 자습합시다.

自行车 摩托车 公共汽车 公(共)交(通) 巴士(大巴、中巴、小巴) 出租(汽)车(的士) 火车 地铁 飞机 旅行(游览) 门票 酒店(饭店、酒楼、宾馆) 护照 签证

5. 다음 표현들을 읽고 뜻을 풀이해 봅시다.

① 怪不得 : 下雪了，怪不得这么冷！

② 原来 : ㉠ 我说是谁，原来是你。㉡ 这屋里怎么这么安静，原来没人。

③ 麻烦 : ㉠ 每天送孩子上学就是一件极麻烦的事。㉡ 我自己来吧，不麻烦你了。

④ 大概 : 昨天参加宴会的大概有一百多人。

⑤ 需要 : ㉠ 你需要什么就告诉我一声。㉡ 他由于工作上的需要，最近开始学普通话了。

⑥ 左右 : ㉠ 他身高有一米八左右。㉡ 看样子，他有四十岁左右。

⑦ 上有天堂 下有苏杭

⑧ 桂林山水甲天下

14 会什么运动

중점표현

1. 你去还是他去?
   Nǐ qù háishi tā qù?

2. 我没有他那么高。
   Wǒ méiyou tā nàme gāo.

3. 那天我去找他的时候，他正在吃饭呢。
   Nà tiān wǒ qù zhǎo tā de shíhou, tā zhèngzài chī fàn ne.

4. 来中国以后，一次也没去过。
   Lái Zhōngguó yǐhòu, yī cì yě méi qùguo.

회화

1 A：秀民，周末你打算怎么过?
Xiùmín, zhōumò nǐ dǎsuan zěnme guò?

B：没有特别的计划。
Méiyou tèbié de jìhuà.

A：那么，星期六下午咱们一起去打网球，怎么样？
Nàme，xīngqīliù xiàwǔ zánmen yīqǐ qù dǎ wǎngqiú，zěnmeyàng?

B：好哇。去外边打还是在校内打？
Hǎo wa. Qù wàibian dǎ háishi zài xiàonèi dǎ?

A：在校内打。学校北门附近有网球场。
Zài xiàonèi dǎ. Xuéxiào běimén fùjìn yǒu wǎngqiúchǎng.

B：是吗？要钱吗？
Shì ma? Yào qián ma?

A：要，每个球场每小时十块。
Yào，měi gè qiúchǎng měi xiǎoshí shí kuài.

B：没有外边那么贵！
Méiyou wàibian nàme guì!

A：对学生有优惠。我提前去订场，你别忘了带学生卡。
Duì xuésheng yǒu yōuhuì. Wǒ tíqián qù dìng chǎng，nǐ bié wàngle dài xuéshēngkǎ.

2 A：昨天晚上你在哪儿？给你打过好几次手机，你一直没接。
Zuótiān wǎnshang nǐ zài nǎr? Gěi nǐ dǎguo hǎo jǐ cì shǒujī，nǐ yīzhí méi jiē.

B：昨晚我正在上课呢。
Zuówǎn wǒ zhèngzài shàngkè ne.

A：晚上有课吗？
Wǎnshang yǒu kè ma?

B：每个星期二晚上我学书法。秀民，你想学吗？
Měi gè xīngqī'èr wǎnshang wǒ xué shūfǎ. Xiùmín, nǐ xiǎng xué ma?

A：书法我一次也没学过，再说我认字不多，可以学吗？
Shūfǎ wǒ yī cì yě méi xuéguo，zàishuō wǒ rèn zì bù duō，kěyǐ xué ma?

B：当然可以。学校特意给同学们开了书法课，而且学书法对认字很有帮助。
Dāngrán kěyǐ. Xuéxiào tèyì gěi tóngxuémen kāile shūfǎ kè，érqiě xué shūfǎ duì rèn zì hěn yǒu bāngzhù.

새낱말

正在	zhèngzài	~하고 있다
周末	zhōumò	주말
计划	jìhuà	계획
网球	wǎngqiú	테니스
外边	wàibian	밖, 바깥쪽
里边	lǐbian	안쪽
校内	xiàonèi	교내
北门	běimén	북문
场	chǎng	~장
每	měi	매
球场	qiúchǎng	구장
小时	xiǎoshí	시간
优惠	yōuhuì	우대 혜택
提前	tíqián	미리, 사전에
带	dài	지니다, 데리다
学生卡	xuéshēngkǎ	카드학생증
书法	shūfǎ	서예
再说	zàishuō	게다가, 더구나
认	rèn	알다
当然	dāngrán	당연하다, 당연히

特意	tèyì	특별히
开	kāi	열다, 시작하다, 켜다, 운전하다, 끓이다
帮助	bāngzhù	돕다
运动	yùndòng	운동(하다)

해설

1. 비교문(2)

'比'를 쓰는 비교문 이외에 다음과 같은 비교문이 있다.

주어+有+비교기준+这么、那么+비교 내용
주어+跟、和+비교기준+一样+비교 내용

这里卖的商品有百货店卖的那么好吗?
Zhèli mài de shāngpǐn yǒu bǎihuòdiàn mài de nàme hǎo ma?

我的成绩没有她那么优秀。
Wǒ de chéngjì méiyou tā nàme yōuxiù.

他弟弟跟他一样高。
Tā dìdi gēn tā yīyàng gāo.

2. '也'를 활용한 강조문

'也'를 써서 가정 성립 여부와 관계없이 결과는 여전히 같음을 강조할 수 있다. 이때 '也'의 앞에 다양한 의문사가 올 수 있으며, '也' 뒤에는 부정형식이 온다.

谁也不认识他。
Shéi yě bù rènshi tā.

怎么想也想不起来。
Zěnme xiǎng yě xiǎng bù qǐlái.

什么东西也(都)不想吃。
Shénme dōngxi yě (dōu) bù xiǎng chī.

이 외에 '也'가 '심지어'의 뜻으로 쓰여 어기를 더욱 강조하기도 한다. 이때 강조하고자 하는 성분 앞에 전치사 '连'을 써서 보다 명확히 강조할 수도 있다. '也' 앞에 수량사를 쓰고자 할 때에는 오로지 '一'만 올 수 있으며 '也' 뒤에는 부정형식이 온다.

来了中国以后，一次也没见过他。
Láile Zhōngguó yǐhòu, yī cì yě méi jiànguo tā.

3. 동사의 태 : 진행태(进行态)

동작의 진행을 나타내는 시태를 진행태라고 하며, 술어 동사 앞에 '在' 혹은 '正在'를 쓰고 문말에 조사 '呢'를 쓰기도 한다. 진행태의 형식을 정리하면 다음과 같다. '在'와 '正在'가 동사 앞에 오면 동사 뒤에는 '着', 문장의 끝에는 '呢'가 올 수 있다. '正'은 단독으로 동사 앞에 올 수 없으며, 문장 끝에 반드시 '呢'가 와야 하고, 동사 뒤에 '着'가 올 수 있다. 부정은 '没(有)'로 하고, 이때 '在'와 '正在', '呢' 등은 모두 없어진다. '在'는 동작이 진행 중임을 강조하고, '正'은 진행되는 시간을 강조하며, '正在'는 동작이 진행되는 시간과 동작의 진행 상태를 모두 강조한다는 견해도 있다.

你昨晚十点做什么？ – 我正在做练习呢。
Nǐ zuówǎn shí diǎn zuò shénme? – Wǒ zhèngzài zuò liànxí ne.

大家一直在等你呢。
Dàjiā yīzhí zài děng nǐ ne.

연습과 보충

1. 녹음을 듣고 중문(中文)과 병음(拼音)으로 옮겨 봅시다.

①

②

③

④

⑤

⑥

2. 상자 속 표현으로 바꾸어 연습합시다.

这里吃	还是	打包？
你要可乐		汽水？
王朋今天来		明天来？
这是爸爸的		妈妈的？
到市区坐公交去		坐地铁去？

我	没有	他	那么	高。
哥哥		弟弟		瘦。
这件行李		那件		重。
美国的人口		中国的		多。
超市卖的商品		百货店卖的		贵。

八点我正在	上课	呢。
	开会	
	看韩剧	
	洗衣服	
	打台球	

书法	我一次也没	学	过。
香菜		吃	
杂技表演		看	
德国啤酒		喝	
中国古典诗歌		研究	

3. 다음 대화를 중국어로 표현해 봅시다.

A : 너 어제 오후에 어디 있었어? 핸드폰으로 여러 번 전화해도 계속 안 받던데.
B : 몇 시쯤?
A : 네 시쯤.
B : 나 세 시부터 여섯 시까지 시험보고 있었어.
A : 무슨 시험?
B : 한국 교환학생 선발시험.
A : 그래? 합격했어?
B : 결과는 일주일 후에 나와.
A : 어쩐지, 너 한국어 잘하는구나!
B : 아니, 아직 멀었어. 이번 시험에 합격하면 한국 가서 더 공부하려고 해.

4. 다음 단어들을 자습합시다.

奥林匹克运动会 亚洲运动会 足球 棒球 篮球 排球 乒乓球 羽毛球 网球 高尔夫球 保龄球 游泳 跳水 田径 体操 滑冰 滑雪 选手 冠军 金牌 银牌 铜牌 比赛

5. 다음 표현들을 읽고 뜻을 풀이해 봅시다.

① 计划 : 他明年计划去美国研究一年语言学。

② 每 : 每到冬天我都会感冒一两次。

③ 带 : 今天我给来宾们带路。

④ 当然 : 橘子皮还是绿的，当然不好吃。

⑤ 开 : ㉠ 今天我们开一个学习经验交流会。 ㉡ 天气暖和了，花都开了。

⑥ 帮助 : 谁都有需要别人帮助的时候。

⑦ 皇天不负有心人

15 过年

중점표현

1. 她和我一样喜欢韩流明星。
   Tā hé wǒ yīyàng xǐhuan Hánliú míngxīng.

2. 除了咖啡以外，还有什么饮料？
   Chúle kāfēi yǐwài, hái yǒu shénme yǐnliào?

3. 一下课就马上回宿舍。
   Yī xiàkè jiù mǎshàng huí sùshè.

회화

1 A：丽丽，我想问你，中国有什么节日？
Lìli, wǒ xiǎng wèn nǐ, Zhōngguó yǒu shénme jiérì?

B：中国有很多节日，最重要的是春节。春节就是农历1月1日，公历1月1日叫做元旦。
Zhōngguó yǒu hěn duō jiérì, zuì zhòngyào de shì Chūnjié. Chūnjié jiùshì nónglì yī yuè yī rì, gōnglì yī yuè yī rì jiàozuò Yuándàn.

A：那和韩国是一样的。

Nà hé Hánguó shì yīyàng de.

B：除了春节之外，还有清明节、端午节、中秋节等节日。

Chúle Chūnjié zhīwài，hái yǒu Qīngmíng Jié、Duānwǔ Jié、Zhōngqiū Jié děng jiérì.

A：中秋节的时候放假吗？

Zhōngqiū Jié de shíhou fàngjià ma?

B：当然放假。从2008年起，中秋节、清明节、端午节各放三天假。

Dāngrán fàngjià. Cóng èr líng líng bā nián qǐ，Zhōngqiū Jié、Qīngmíng Jié、Duānwǔ Jié gè fàng sān tiān jià.

A：那么，10月1日是什么日子呢？

Nàme，shí yuè yī rì shì shénme rìzi ne?

B：10月1号是最重要的假日，叫做国庆节，5月1号是劳动节。劳动节放三天假，国庆节放七八天假。

Shí yuè yī hào shì zuì zhòngyào de jiàrì，jiàozuò Guóqìng Jié，wǔ yuè yī hào shì Láodòng Jié. Láodòng Jié fàng sān tiān jià，Guóqìng Jié fàng qī-bā tiān jià.

A：放七八天？ 那太好了！ 这次国庆节我要去云南旅游！

Fàng qī-bā tiān? Nà tài hǎo le! Zhè cì Guóqìng Jié wǒ yào qù Yúnnán lǚyóu!

2 A：丽丽，春节时你也回老家吗？
Lìli，Chūnjié shí nǐ yě huí lǎojiā ma?

B：对，一放假就马上回去。
Duì，yī fàngjià jiù mǎshàng huíqù.

A：中国的春节有什么习俗？
Zhōngguó de Chūnjié yǒu shénme xísú?

B：春节时一般贴春联和福字，除夕放鞭炮。
Chūnjié shí yībān tiē chūnlián hé fú zì，chúxī fàng biānpào.

A：那么主要吃什么？ 在韩国，春节的第一顿吃年糕汤。
Nàme zhǔyào chī shénme? Zài Hánguó，Chūnjié de dì-yī dùn chī niángāotāng.

B：在中国，除夕之夜，家家户户都吃很丰盛的年夜饭，但准备的菜里一定要有鱼。
Zài Zhōngguó，chúxī zhī yè，jiājiāhùhù dōu chī hěn fēngshèng de niányèfàn，dàn zhǔnbèi de cài li yīdìng yào yǒu yú.

A：鱼？ 为什么吃鱼呢？
Yú? Wèi shénme chī yú ne?

B：因为“鱼”的发音跟“余”一样，“年年有余”表示每年的生活都很富裕。
Yīnwei “yú” de fāyīn gēn “yú” yīyàng，“niánnián yǒu yú” biǎoshì měi nián de shēnghuó dōu hěn fùyù.

A：哦，原来是这个意思！

Ò, yuánlái shì zhège yìsi!

B：除了鱼以外，北方人吃饺子，南方人吃年糕和汤圆。

Chúle yú yǐwài, běifāngrén chī jiǎozi, nánfāngrén chī niángāo hé tāngyuán.

A：这样啊！春节的风俗习惯真丰富多彩呀！

Zhèyàng a! Chūnjié de fēngsú xíguàn zhēn fēngfù-duōcǎi ya!

새낱말

一样	yīyàng	같다
明星	míngxīng	(방송연예계의)스타
除了	chúle	~을(를) 제외하고
以外	yǐwài	그밖에
咖啡	kāfēi	커피
宿舍	sùshè	기숙사
节日	jiérì	명절, 기념일
重要	zhòngyào	중요하다
农历	nónglì	음력
公历	gōnglì	양력
叫做	jiàozuò	~(이)라고 하다
起	qǐ	('从' 혹은 '由'와 호응하여)~하기 시작하다
日子	rìzi	날, 시간, 생활
假日	jiàrì	휴일
老家	lǎojiā	고향, 원적
习俗	xísú	습속
一般	yībān	보통이다
贴	tiē	붙이다
春联	chūnlián	(설날에 붙이는)대련
福	fú	복

除夕	chúxī	섣달 그믐날 밤
鞭炮	biānpào	폭죽
主要	zhǔyào	주로, 대부분
顿	dùn	끼니
年糕汤	niángāotāng	떡국
夜	yè	밤
家家户户	jiājiāhùhù	가가호호, 집집마다
丰盛	fēngshèng	풍성하다
年夜饭	niányèfàn	섣달 그믐날 만찬
准备	zhǔnbèi	준비하다
一定	yīdìng	반드시
鱼	yú	물고기
为什么	wèi shénme	왜
发音	fāyīn	발음(하다)
余	yú	남다
表示	biǎoshì	표현하다, 표시하다, 나타내다
生活	shēnghuó	생활
富裕	fùyù	부유하다
意思	yìsi	뜻, 의미, 재미
北方	běifāng	북방
南方	nánfāng	남방

年糕	niángāo	떡
汤圆	tāngyuán	중국식 새알심탕
这样	zhèyàng	이러한, 이렇게
风俗	fēngsú	풍속
丰富多彩	fēngfù-duōcǎi	풍부하고 다채롭다
韩流	Hánliú	한류
春节	Chūnjié	설날
元旦	Yuándàn	신정
清明节	Qīngmíng Jié	청명
端午节	Duānwǔ Jié	단오
劳动节	Láodòng Jié	노동절
云南	Yúnnán	윈난성

해설

1. 除了~以外~还

앞부분에 뒷부분이 보충되는 것을 나타낸다. '以外'는 생략할 수 있으며, '还' 대신 '也'나 '都'를 쓸 수 있다.

他除了小说以外，有时候还写诗。
Tā chúle xiǎoshuō yǐwài，yǒushíhou hái xiě shī.

간혹 앞부분이 배제되는 것을 나타내기도 한다.

除了小说以外，他什么书都不看。
Chúle xiǎoshuō yǐwài，tā shénme shū dōu bù kàn.

2. 一~就

부사 '就' 앞에 '一'가 오면 선행 동작이 발생한 후 매우 가까운 시간에 후행 동작이 발생함을 나타낸다. 앞뒤의 주어는 같을 수도 있고 다를 수도 있다.

我一叫他，他就出来了。Wǒ yī jiào tā，tā jiù chūlái le.

3. 가능보어(可能补语)

술어 동사의 동작이나 상태의 실현 가능성을 나타내는 보어를 가능보어라고 하며, 결과보어나 방향보어 혹은 몇몇 특수한 단어 앞에 조사 '得'를 첨가하면 가능보어가 된다. 기본 형식은 다음과 같다.

동사+得+결과보어, 방향보어, '了、上、下、起'

이 때 '得'를 '不'로 바꾸면 부정문이 된다. 진술문에 등장하는 가능보어는 대개 부정형이며 가능보어의 긍정형은 의문문이나 의문문의 대답에 주로 쓰인다.

展览室里人太多了，进不去啊！
Zhǎnlǎnshì li rén tài duō le，jìn bu qù a!

周围太吵闹，你听得清楚他的话吗？– 听不清楚。
Zhōuwéi tài chǎonào，nǐ tīng de qīngchu tā de huà ma?
– Tīng bu qīngchu.

진술문에는 가능보어의 긍정형을 쓰지 않기 때문에 긍정형으로 가능성을 나타내기 위해선 조동사 '能'이나 '可以'를 쓸 수밖에 없다. 결국 가능보어의 긍정형이 나타내는 가능성과 조동사 '能'이 나타내는 가능성의 정도는 거의 같다고 할 수 있다.

外面下着雪，你爬得上长城吗？
Wàimiàn xiàzhe xuě，nǐ pá de shàng Chángchéng ma?

外面下着雪，你能爬上长城吗？
Wàimiàn xiàzhe xuě，nǐ néng páshàng Chángchéng ma?

가능보어의 부정형과 조동사의 부정형을 우리말로 풀이하면 동일한 뜻을 나타내는 것 같지만 약간의 차이가 있다.

我去不了。Wǒ qù bu liǎo.
我不能去。Wǒ bù néng qù.

'去不了'에서는 '去'가 부정되는 것이 아니라 '了'가 부정되기 때문에 '가고 싶지만 가는 것을 완료할 수 없다'는 뜻을 나타내며, '不能去'에서는 '能'이 부정되기 때문에 '외부 요인이나 불가피한 상황으로 인하여 갈 수 없다'는 뜻을 나타낸다.
이 외에 '술어+得、不+특수보어'의 형식도 많이 쓰인다.

没钱，洋酒我喝不起。

Méi qián，yángjiǔ wǒ hē bu qǐ.

菜太多了，一个人吃不了。

Cài tài duō le，yī gè rén chī bu liǎo.

东西太重了，一个人拿不动。

Dōngxi tài zhòng le，yī gè rén ná bu dòng.

这张桌子只坐得下四个人。

Zhè zhāng zhuōzi zhǐ zuò de xià sì gè rén.

연습과 보충

1. 녹음을 듣고 중문(中文)과 병음(拼音)으로 옮겨 봅시다.

①

②

③

④

⑤

⑥

⑦

2. 상자 속 표현으로 바꾸어 연습합시다.

他	和	我	一样	喜欢登山。
秀民的个子		你		高。
巴黎的气氛		上海		热闹。
他普通话说得		中国人		地道。
王朋高尔夫球打得		职业选手		好。

除了	米饭 可乐 文学 这篇论文 样子不同	之外，还有什么	主食？ 饮料？ 课程？ 资料？ 区别？

一	下课 毕业 回宿舍 吃完饭 到百货店	就马上	回去。 回国。 睡着了。 出发了。 买好了。

3. 다음 대화를 중국어로 표현해 봅시다.

A : 왕펑(王朋), 이번 추석에 고향 가니?
B : 이번 추석에는 가지 않고, 내년 설날에 갈 거야.
A : 중국인들은 추석에 어떤 음식을 먹어?
B : 중국에서는 추석날 주로 월병(月饼)을 먹지. 한국인들은 어떤 음식 먹는데?
A : 주로 송편을 먹지.
B : 어떤 음식인데?
A : 떡의 일종이야. 모양은 중국식 만두와 비슷하고 속에는 깨나 콩을 넣지.

4. 다음 표현들을 읽고 뜻을 풀이해 봅시다.

① 一样 : 她把我们看做自己的亲儿女一样。

② 重要 : 今晚电视台要播送一条重要新闻。

③ 主要 : 这次来中国主要是为了学习汉语。

④ 各 : 上半场双方各进一个球。

⑤ 一般 : ㉠ 一般来讲，这种可能性不大。 ㉡ 这种货一般不太受欢迎。

⑥ 准备 : 我这些天忙着准备期末考试，连报纸都没有看。

⑦ 一定 : 他一定要去，就让他去吧。

⑧ 表示 : ㉠ 红灯表示停止，绿灯表示放行。 ㉡ 他不说话表示不同意。 ㉢ '了'这个词有时候表示完成，有时候表示变化。

⑨ 丰富 : 他的书本知识不少，可是工作经验没有你那么丰富。

⑩ 酒逢知己千杯少 话不投机半句多

⑪ 酒后吐真言

⑫ 初一饺子初二面

part

III

부록

中华人民共和国 일반 정보

中国历代纪年表

中华人民共和国의 명절과 기념일

세계 주요 국명과 수도명

단어 찾아보기

〈中华人民共和国 일반 정보〉

▷ 국호 : 中华人民共和国 [People's Republic of China / PRC 혹은 CHN]

→ 1949년 9월 27일 중국인민정치협상회의 제1차 전체회의 결정 사항

▷ 국기 : 五星红旗

▷ 인구 : 약13억4735만명 [2012년말 기준]

※ 출처 : 〈统计局发布2012年国民经济和社会发展统计公报〉

(http://www.gov.cn/gzdt/2013-02/22/content_2338098.htm)

※ 65세 이상 인구 : 1억2714만명(9.4%) [65세이상 인구 7% 이상 ⇒ 노령화사회]

※ 남녀성비 = 105.34(남) : 100(여)

▷ 공용어 : 중국어 [Mandarin Chinese, 普通话]

▷ 수도 : 北京

▷ 국화 : 牧丹 & 梅花

▷ 본위화폐 : 人民币 [RMB 혹은 CNY]

※ 美货대비 人民币 가치 : 100USD = 605.40CNY [2014년 1월 2일 기준]

▷ 국가 : 〈义勇军进行曲〉 [聂耳 작곡, 田汉 작사, 1935년작 영화 〈风云儿女〉 주제곡]

※ 출처 : 中华人民共和国国歌(http://www.gov.cn/test/2005-05/24/content_18249.htm)

▷ 인종 : 汉族(91.59%), 소수민족 55종(8.41%)

▷ 국가원수 : 主席 [2014년 현재 中国共产党总书记 및 国家主席 - 习近平]

▷ 국토면적 : 9632922km² [세계3위, 전세계 육지면적의 1/15]

※ 동서단 거리 : 약5200km ⇒ 4hrs 이상의 시간차

※ 남북단 거리 : 약5500km ⇒ 적도대 ~ 한온대의 기후차

※ 연평균강수량 : 약681mm [2010년 기준, 세계평균 963mm, 한국평균 1283mm]

※ 주요하천 : 长江(6300km/세계3위), 黄河(5464km), 珠江(2197km), 黑龙江(4370km)

※ 주요산악 : 珠穆朗玛 [Chomo Langma: 세계의 母神, 해발 8848m]

▷ 주요경제지표

경제성장률	9.2%	2011년
	7.8%	2012년
국민 1인당 GDP	약 5680달러	2012년
외환보유고	3조 3116억달러	2012년
CPI	2.6%	2012년
지니계수	0.474%	2012년
도시실업률	4.1%	2012년

※ 출처 : 〈统计局发布2012年国民经济和社会发展统计公报〉

(http://www.gov.cn/gzdt/2013-02/22/content_2338098.htm)

▷ 행정구획

大区分	名称	简称	省会或首府
华北地区	北京市	京(燕)	
	天津市	津	
	河北省	冀	石家庄市
	山西省	晋	太原市
	内蒙古自治区	内蒙古(蒙)	呼和浩特市
东北地区	辽宁省	辽	沈阳市
	吉林省	吉	长春市
	黑龙江省	黑	哈尔滨市
华东地区	上海市	沪	
	江苏省	苏(吴)	南京市
	浙江省	浙(越)	杭州市
	安徽省	皖	合肥市
	福建省	闽	福州市
	江西省	赣	南昌市
	山东省	鲁	济南市
华中地区	河南省	豫	郑州市
	湖北省	鄂	武汉市
	湖南省	湘	长沙市
华南地区	广东省	粤	广州市
	广西壮族自治区	桂	南宁市
	海南省	琼	海口市
西南地区	重庆市	渝	
	四川省	川(蜀·巴·益)	成都市
	贵州省	贵(黔)	贵阳市
	云南省	云(滇)	昆明市
	西藏自治区	藏	拉萨市
西北地区	陕西省	陕(秦)	西安市
	甘肃省	甘(陇)	兰州市
	青海省	青	西宁市
	宁夏回族自治区	宁	银川市
	新疆维吾尔自治区	新	乌鲁木齐市
港澳台地区	香港特别行政区	港	1997년 7월 1일 중국 반환
	澳门特别行政区	澳	1999년 12월 20일 중국 반환
	台湾省	台	台北市

※ 23个省 5个自治区 4个直辖市 2个特别行政区

※ 출처 : 中华人民共和国行政区划(http://www.gov.cn/test/2005-06/15/content_18253.htm)

▷ 국가기구와 권력조직

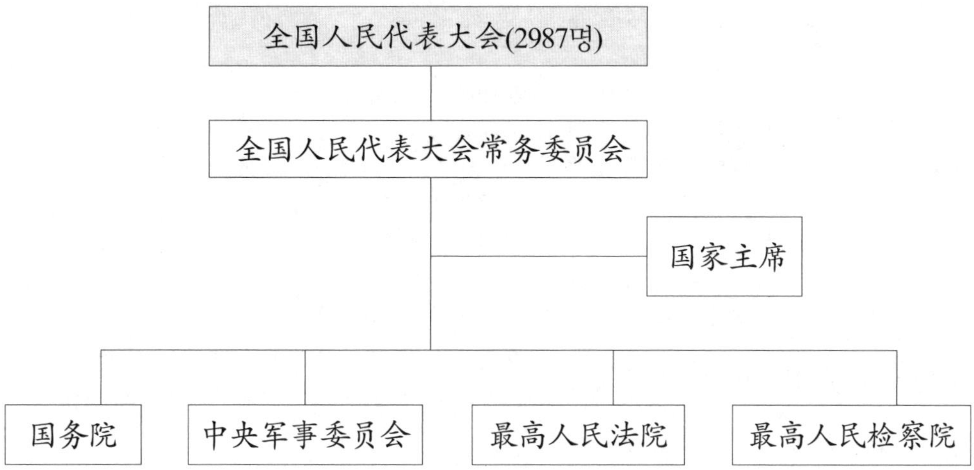

全国人民代表大会(2987명)
全国人民代表大会常务委员会
国家主席
国务院
中央军事委员会
最高人民法院
最高人民检察院

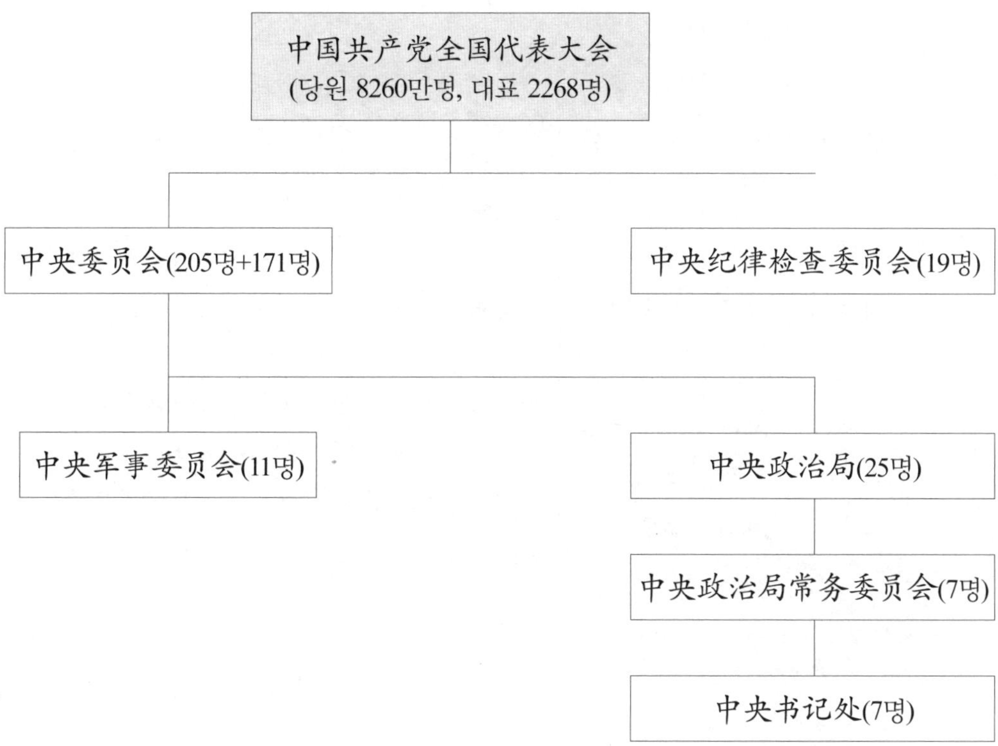

中国共产党全国代表大会
(당원 8260만명, 대표 2268명)
中央委员会(205명+171명)
中央纪律检查委员会(19명)
中央军事委员会(11명)
中央政治局(25명)
中央政治局常务委员会(7명)
中央书记处(7명)

▷ 중국권력지도부 : 中国共产党第十八届中央政治局常务委员会委员(2012.11.15~)

서열	성명	생년	출신지역	학력	주요직책
1	习近平	1953	陕西富平	清华大学人文社会学院马克思主义理论与思想政治教育专业、法学博士	现任中央委员会总书记、中央军事委员会主席、中华人民共和国主席、中华人民共和国中央军事委员会主席
2	李克强	1955	安徽定远	北京大学法律系和经济学院经济学专业、法学学士、经济学博士	现任中央政治局常委、国务院总理、党组书记
3	张德江	1946	辽宁台安	朝鲜金日成综合大学经济系	现任中央政治局常委、第十二届全国人民代表大会常务委员会委员长
4	俞正声	1945	浙江绍兴	哈尔滨军事工程学院导弹工程系弹道式导弹自动控制专业、工程师	现任中央政治局常委、政协第十二届全国委员会主席
5	刘云山	1947	山西忻州	中央党校大学	现任中央政治局常委、中央书记处书记、中央党校校长
6	王岐山	1948	山西天镇	西北大学历史系历史专业、高级经济师	现任中央政治局常委、中央纪律检查委员会书记
7	张高丽	1946	福建晋江	厦门大学经济系计划统计专业	现任中央政治局常委、国务院副总理

※ 中央政治局委员(25名) : 习近平 马凯 王岐山 王沪宁 刘云山 刘延东 刘奇葆 许其亮 孙春兰 孙政才 李克强 李建国 李源潮 汪洋 张春贤 张高丽 张德江 范长龙 孟建柱 赵乐际 胡春华 俞正声 栗战书 郭金龙 韩正 [按姓氏笔画为序]

※ 출처 : 中国共产党第十八届中央领导机构
(http://www.gov.cn/test/2012-11/15/content_2266968.htm)

〈中国历代纪年表〉

<table>
<tr><th colspan="2">명 칭</th><th colspan="2">기 간</th><th>참 조</th></tr>
<tr><td colspan="2">夏</td><td colspan="2">약 B.C.2070~B.C.1600</td><td rowspan="6">古朝鲜</td></tr>
<tr><td colspan="2">商</td><td colspan="2">약 B.C.1600~B.C.1046</td></tr>
<tr><td rowspan="3">周</td><td>西周</td><td colspan="2">B.C.1046~B.C.771</td></tr>
<tr><td rowspan="2">东周</td><td rowspan="2">B.C.770~B.C.256</td><td>春秋时代</td></tr>
<tr><td>战国时代</td></tr>
<tr><td colspan="2">秦</td><td colspan="2">B.C.221~B.C.206</td></tr>
<tr><td rowspan="3">汉</td><td>西汉(前汉)</td><td colspan="2">B.C.206~A.D.8</td><td rowspan="19">三国时代</td></tr>
<tr><td>新</td><td colspan="2">A.D.9~A.D.23</td></tr>
<tr><td>东汉(后汉)</td><td colspan="2">A.D.25~A.D.220</td></tr>
<tr><td rowspan="3">三国</td><td>魏</td><td colspan="2">220~265</td></tr>
<tr><td>蜀汉</td><td colspan="2">221~263</td></tr>
<tr><td>吴</td><td colspan="2">222~280</td></tr>
<tr><td rowspan="2">晋</td><td>西晋</td><td colspan="2">265~316</td></tr>
<tr><td>东晋</td><td colspan="2">317~420</td></tr>
<tr><td rowspan="9">南北朝</td><td>宋</td><td colspan="2">420~479</td></tr>
<tr><td>齐</td><td colspan="2">479~502</td></tr>
<tr><td>梁</td><td colspan="2">502~557</td></tr>
<tr><td>陈</td><td colspan="2">557~589</td></tr>
<tr><td>北魏</td><td colspan="2">386~534</td></tr>
<tr><td>西魏</td><td colspan="2">535~557</td></tr>
<tr><td>东魏</td><td colspan="2">534~549</td></tr>
<tr><td>北齐</td><td colspan="2">550~577</td></tr>
<tr><td>北周</td><td colspan="2">557~581</td></tr>
<tr><td colspan="2">隋</td><td colspan="2">589~618</td></tr>
<tr><td colspan="2">唐</td><td colspan="2">618~907</td></tr>
<tr><td rowspan="5">五代</td><td>后梁</td><td colspan="2">907~923</td><td rowspan="3">统一新罗</td></tr>
<tr><td>后唐</td><td colspan="2">923~936</td></tr>
<tr><td>后晋</td><td colspan="2">936~947</td></tr>
<tr><td>后汉</td><td colspan="2">947~950</td><td rowspan="7">高丽</td></tr>
<tr><td>后周</td><td colspan="2">951~960</td></tr>
<tr><td rowspan="2">宋</td><td>北宋</td><td colspan="2">960~1126</td></tr>
<tr><td>南宋</td><td colspan="2">1127~1279</td></tr>
<tr><td colspan="2">金</td><td colspan="2">1115~1234</td></tr>
<tr><td colspan="2">元</td><td colspan="2">1206~1368</td></tr>
<tr><td colspan="2">明</td><td colspan="2">1368~1644</td></tr>
<tr><td colspan="2">清</td><td colspan="2">1616~1911</td><td>朝鲜</td></tr>
<tr><td colspan="2">中华民国</td><td colspan="2">1912~1949</td><td>日帝强占期</td></tr>
<tr><td colspan="2">中华人民共和国</td><td colspan="2">1949~현재</td><td>大韩民国</td></tr>
</table>

※ 출처 : 《现代汉语词典》第6版(北京:商务印书馆, 2012年 6月 第442次 印刷), 附录〈我国历代纪元表〉

〈中华人民共和国의 명절과 기념일〉

(★ 2014년 법정공휴일)

节日	日子	纪念日	日子
元旦★	公历一月一日	国际劳动妇女节	公历三月八日
春节★	农历一月一日	五一国际劳动节★	公历五月一日
元宵节	农历一月十五日	五四青年节	公历五月四日
清明节★	公历四月五日	国际护士节	公历五月十二日
端午节★	农历五月五日	国际儿童节	公历六月一日
七夕节	农历七月七日	八一建军节	公历八月一日
中秋节★	农历八月十五日	教师节	公历九月十日
重阳节	农历九月九日	国庆节★	公历十月一日
腊八节	农历十二月八日	圣诞节	公历十二月二十五日

※ 2014년 법정공휴일 : 〈国务院办公厅关于2014年部分节假日安排的通知〉 참조

※ 출처 : http://www.gov.cn/zwgk/2013-12/11/content_2546204.htm

〈세계 주요 국명과 수도명〉

国名	首都名	国名	首都名
大韩民国	首尔	法兰西共和国	巴黎
中华人民共和国	北京	德意志联邦共和国	柏林
台湾	台北	意大利共和国	罗马
蒙古国	乌兰巴托	西班牙王国	马德里
日本国	东京	葡萄牙共和国	里斯本
菲律宾共和国	马尼拉	希腊共和国	雅典
越南社会主义共和国	河内	瑞典王国	斯德哥尔摩
泰王国	曼谷	挪威王国	奥斯陆
马来西亚联邦	吉隆坡	瑞士联邦	伯尔尼
新加坡共和国	新加坡	丹麦王国	哥本哈根
印度尼西亚共和国	雅加达	荷兰王国	阿姆斯特丹
缅甸联邦共和国	仰光	美利坚合众国	华盛顿
老挝人民民主共和国	万象	加拿大	渥太华
印度共和国	新德里	墨西哥合众国	墨西哥城
巴基斯坦伊斯兰共和国	伊斯兰堡	巴西联邦共和国	巴西利亚
伊朗伊斯兰共和国	德黑兰	阿根廷共和国	布宜诺斯艾利斯
以色列国	耶路撒冷	澳大利亚联邦	堪培拉
沙特阿拉伯王国	利雅得	新西兰共和国	惠灵顿
俄罗斯联邦	莫斯科	阿拉伯埃及共和国	开罗
大不列颠及 北爱尔兰联合王国	伦敦	南非共和国	比勒陀利亚

〈단어 찾아보기〉

C

D

E

F

G

H

J

M

N

O

R

T

W

X

Y

Z

한어병음자모표

모음 / 자음	1														2					
	a	o	e	-i	er	ai	ei	ao	ou	an	en	ang	eng	ong	-i	-ia	-iao	-ie	-iou	-ian
b	ba	bo				bai	bei	bao		ban	ben	bang	beng		bi		biao	bie		bian
p	pa	po				pai	pei	pao	pou	pan	pen	pang	peng		pi		piao	pie		pian
m	ma	mo	me			mai	mei	mao	mou	man	men	mang	meng		mi		miao	mie	miu	mian
f	fa	fo					fei		fou	fan	fen	fang	feng							
d	da		de			dai	dei	dao	dou	dan	den	dang	deng	dong	di		diao	die	diu	dian
t	ta		te			tai		tao	tou	tan		tang	teng	tong	ti		tiao	tie		tian
n	na		ne			nai	nei	nao	nou	nan	nen	nang	neng	nong	ni		niao	nei	niu	nian
l	la		le			lai	lei	lao	lou	lan		lang	leng	long	li	lia	liao	lie	liu	lian
z	za		ze	zi		zai	zei	zao	zou	zan	zen	zang	zeng	zong						
c	ca		ce	ci		cai		cao	cou	can	cen	cang	ceng	cong						
s	sa		se	si		sai		sao	sou	san	sen	sang	seng	song						
zh	zha		zhe	zhi		zhai	zhei	zhao	zhou	zhan	zhen	zhang	zheng	zhong						
ch	cha		che	chi		chai		chao	chou	chan	chen	chang	cheng	chong						
sh	sha		she	shi		shai	shei	shao	shou	shan	shen	shang	sheng							
r			re	ri				rao	rou	ran	ren	rang	reng	rong						
j															ji	jia	jiao	jie	jiu	jian
q															qi	qia	qiao	qie	qiu	qian
x															xi	xia	xiao	xie	xiu	xian
g	ga		ge			gai	gei	gao	gou	gan	gen	gang	geng	gong						
k	ka		ke			kai	kei	kao	kou	kan	ken	kang	keng	kong						
h	ha		he			hai	hei	hao	hou	han	hen	hang	heng	hong						
	a	o	e		er	ai	ei	ao	ou	an	en	ang	eng		yi	ya	yao	ye	you	yan

(汉语拼音字母表)

2				3									4			
-in	-iang	-ing	-iong	-u	-ua	-uo	-uai	-uei	-uan	-uen	-uang	-ueng	-ü	-üe	-üan	-ün
bin		bing		bu												
pin		ping		pu												
min		ming		mu												
				fu												
		ding		du		duo		dui	duan	dun						
		ting		tu		tuo		tui	tuan	tun						
nin	niang	ning		nu		nuo			nuan				nü	nüe		
lin	liang	ling		lu		luo			luan	lun			lü	lüe		
				zu		zuo		zui	zuan	zun						
				cu		cuo		cui	cuan	cun						
				su		suo		sui	suan	sun						
				zhu	zhua	zhuo	zhuai	zhui	zhuan	zhun	zhuang					
				chu	chua	chuo	chuai	chui	chuan	chun	chuang					
				shu	shua	shuo	shuai	shui	shuan	shun	shuang					
				ru	rua	ruo		rui	ruan	run						
jin	jiang	jing	jiong										ju	jue	juan	jun
qin	qiang	qing	qiong										qu	que	quan	qun
xin	xiang	xing	xiong										xu	xue	xuan	xun
				gu	gua	guo	guai	gui	guan	gun	guang					
				ku	kua	kuo	kuai	kui	kuan	kun	kuang					
				hu	hua	huo	huai	hui	huan	hun	huang					
yin	yang	ying	yong	wu	wa	wo	wai	wei	wan	wen	wang	weng	yu	yue	yuan	yun

김상호(金庠澔)

서울대학교 인문대학 중어중문학과 및 동대학원 졸업
1999년 및 2006년 中國 深圳大學 교환교수
(現) 대전대학교 인문예술대학 중국언어문화학과 교수
mrjxh@naver.com

탄탄 중국어

초판 1쇄 발행 _ 2014년 3월 15일

저　　자 • 김 상 호
발 행 인 • 정 현 걸
발　　행 • 신 아 사
인　　쇄 • 한승인쇄
출판등록 • 1956년 1월 5일 (제9－52호)
주　　소 • 서울특별시 은평구 녹번동 28－36번지 2F
전　　화 • (02)382－6411 • 팩스 (02)382－6401
홈페이지 • www.shinasa.co.kr
E-MAIL • shinasa@daum.net
ISBN: 978－89－8396－838－8 (93720)

정가 15,000 원